JN439739

삶과 꿈의 여정旅情

이 성 호 제 5 시집

李成鎬, 号: 鶴山

지나 온 길/ 남해 창선초등학교. 경남중·고등학교 부산대학교 정치학과. 부산대학교총학생회장. 경남부산 경찰국 감찰주임 등 간부 10년. 경남 부산 공립고등학교 교편 30년 출간 시집/『자연에 맺힌 사랑』, 『인생길 사랑의 길』 『삶과 꿈의 찬가』, 『사랑은 겨울나무』

사는 집/부산광역시 동래구 사직2동 한신아파트
103동 1101호 전화 (051) 504-0516

이성호 시집

삶과 꿈의 여정

지은이 이성호
펴낸이 최명자
펴낸곳 책펴냄열린시

부산광역시 중구 중앙동 3가 14-1
전화 051-464-8714
018-212-3648
출판등록번호 제 02-01-256호
출판등록일 1991년 2월 4일

1판 1쇄 2006년 12월 05일 발행
© 이성호, 2006. Korea
값 10,000원

ISBN 87458-53-9 03810
저자와 협의하여 인지를 붙이지 않습니다
잘못된 책은 바꿔 드립니다

■ 머리말

산은 산소 공장이요, 생수 수원지이며, 온갖 대자연의 불가사의한 종합예술 공원입니다.

우리 인생은 이 공원을 바람따라 지나가는 한 조각 구름인 것 같습니다.

우리에게 부모님은 은혜의 목마른 샘이요, 영육(靈肉)의 영원한 안식처입니다.

그러기에, 이 작은 책을 대덕(大德) 하셨던 그 영전에 바칩니다.

그리고 사랑하는 사람, 아내, 자녀, 친구와, 존경하는 분들에게 드리고 싶어 이 책을 발간합니다.

2006. 한 가을 추분.
鶴山 李成鎬 謹拜

제 4 부

금목서 꽃향기

제 5 부

청정무구한 자연

제 6 부

언제나 가고 싶은 곳

제 7 부

유정무정

제 10 부

중국기행

▶ 산문/수필

제 11 부

바람 따라 사는 삶

제 12 부

미국 서부 여행기

제 1 부. 마음 하나로 사는 세상

마음

보이지도 않는 것이 잡히지도 않는 것이
곧기는 대쪽이요 길기는 영원이라
변하긴 물과 같아도 고요한 호수여라

뜨겁기는 불덩이요 차갑기는 얼음이라
빠르기는 번개이며 밝기는 거울이라
잡으면 가만있다가 놓아두면 가버리니

행복도 불행도 마음속에 있는 것을
인내하는 마음은 행복의 보금자리
너 인생 설계도면을 그릴 수 있는 것을

연분홍에 채색하면 사랑이 되었다가
바래어 퇴색하면 미움이 되었다간
얽혀든 실타래 뭉치 저절로 풀리나니

인생살이 굽이굽이 구곡간장 찢겨져서
숯검정 다된 간장 한 줌의 재만 남아
그래도 너는 도무지 늙을수록 젊어지냐

행복한 마음은 대지대비 얼굴이네
불행한 마음은 지옥아귀 심성이라
너 하나 홀가분하면 극락, 천당 짓는 것을

정 情

정이란 무엇일까?
따뜻한 마음일까, 보고 싶은 생각일까
그리운 애정일까, 함께 살고픈 본능일까
만남의 기쁨일까, 이별의 눈물일까
날개 없는 세월 속에 재판 없는 형벌일까

정이 무엇이길래
"사랑을 하면서도 정은 주지 말라"하네
나 몰래 한 번 든 정 안보이고 안 잡혀도
강물같이 흐르는 정 둑을 쌓아 막을소냐
산에 한 번 불 나면 돌도 타고 옥도 타니,

뿌리 없는 정이 들어
한 겨울날 뒤안길에 꽃 한 송이 피우고는
꽃 지고 낙엽지고 열매 없이 황량해도
그리움은 오매불망 남모르게 찾아와서
불타는 가슴속을 어느 누가 알 터인가

정이 얼마나 질기길레
물 베는 칼이 없고, 정 베는 톱이 없어
불로써 못 태우고 물로써 못 씻어서
미운 정도 고운 정도 세월이 약이 되어
하찮은 세상살이 정 하나가 원수로다

용서容恕

마음에 깊은 상처 입었더라도
미워하는 괴로움에 벗어나거라
사람은 미완성 과오에 살고
미움의 세월은 쓰라린 거야

슬기로운 사람은 성내지 않고
지혜로운 사람은 잊어버리고
너그러운 사람은 받아들이며
현명한 사람일수록 용서를 한다

마음의 평정은 행복의 뿌리
건강을 위하여 수용하여라
용서는 고귀한 승리자의 것
잊는 것은 용서보다 더욱 더 좋다

어이하여 너의 허물 헤아리지 않고
타인의 과오만을 신경 쓰느냐
세상사 모든 일은 일체유심조
용서는 일생동안 실천할 넉복

인연因緣

숲 풀섶 거미줄에 고추잠자리가 걸려
펄펄 날려다가 날개 묶인 석양녘에
핏줄 찾아 정하게도 주사바늘 꽂아놓고
쾌유히 건강 되찾아 산행을 가잔다

한 줄기 아침 햇살 천년 음지 스며들어
꺼져가는 모닥불에 소록소록 불을 지펴
청산이 고향이라 산유화가 보고파서
따뜻한 말 한마디에 용기 얻어 일어났다

사막처럼 가물은 땅 단비 내려 비옥한데
풍선 달고 날려 온 민들레 씨앗처럼
가뭄 타다 시드르다 청초한 꽃이 피어
하 많은 애증 사막에 불꽃처럼 탄 연민

동아줄 타래마냥 두 영혼을 꽁꽁 묶어
외진 산골 천년 거목 뜬금없이 맺은 열매
불 타도 불이 타도 타오르는 정념이여
한 평생 찾아 헤매든 우연찮은 묘한 인연

향수鄕愁

강진 바다 자던 물이 깨어나서 산책하며
지족 손도 여행담에 소곤소곤 흘러가면
돛단배 삐걱삐걱 노를 젓고 따라가며
홀로가기 외롭다고 갈매기를 데려간다

한 물이 빠져나가 한 바닥이 드러나면
동네 처녀 모여들어 호미 들고 조개 파고
게 잡고 파래 뜯어 한 바구니 끙끙 들고
해지는 망운 산그늘 사립문을 들어선다

저녁 짓는 굴뚝연기 이집 저집 피어나면
목동들 소 먹여서 고삐 들고 집을 들고
달을 반긴 누렁이도 컹컹 짓고 꼬리칠 때
장 마중 임 마중 나가 달마중의 아낙네들

행복했던 추억

서대신동 달동네에 첫 집 사서 문패 걸고
나팔꽃 씨를 심어 줄을 따라 꽃을 피워
처자식 오순도순 둥근 밥상 둘러앉아
아내의 웃는 얼굴 자식들 뛰는 모습
행복이 머물렀던 서른일곱 봄이어라
꿈에라도 꼭 한번만 그날처럼 살고 싶어

젊음의 꽃밭에는 서리 내려 사위어져
사랑의 거문고 줄은 영영히 끊어지고
아린 가슴 멍든 채로 고비마다 버거워도
안타까이 정을 끊고 잊은 적이 있었던가
희망의 꽃이 피던 행복했던 한때나마
비껴가지 못하는 세월 추억하고 사옵니다

행복했던 날

진달래꽃 필 무렵에 만났던 님이
뻐꾹새가 슬피 우니 떠나갔어요
언제나 만나는 꿈 단꿈에 자고
좋은 날 못 만나서 애를 태워도
가슴 조린 그날들이 아름다웠소.

가물음 비 보듯이 만나던 그 날
그리던 고운 맵씨 보고 또 보며
따뜻한 그 손을 잡고 싶어서.....
그 얼굴 그 음성에 눈, 귀도 멀어
달콤한 그 입술에 매혹되던 날.

은실보다 고운 님을 잊으리오마는
비정한 운명 따라 애정도 끊고
별을 따던 꿈도 접고 떠난 당신을
빛바랜 전설처럼 세월이 가도
사랑했던 그 날들이 행복했어요.

여린 가슴 무쇠 문을 굳게 잠그고
가난한 영혼 하나 버린 당신을
한시 반시 잊을 때가 없을지라도
세월을 잘 못 만나 돌아간 것을
무어라 호리인들 원망하리오.

자식

꽃잎 같은 너를 만난 환희 찬 보람 나무
너와 나는 질긴 인연 피눈물로 만났더냐
무지개 꿈을 안겼다 절망만을 가르쳤다.

거두어서 자란 꽃이 하늘 올라 우주 뻗어
아가야 내 토끼야 달나라로 뛰어 보렴
보호가 정녕 싫다면 뜻을 세워 크거라

20여년 하루같이 고운 세월 크날 적에
하루가 10년보다 더 길고긴 날도 많아
잠시도 잊을 수 없는 사랑 먹고 자란 나무

이 세상 바람 농사 꿈과 한의 씨앗이라
한평생 너 하나를 천년 거목 기르려도
오매불망 가슴조이는 이 세상에 어려운 일

아직도 연한 순이 된서리를 맞았더냐
사랑과 번민으로 변신하고 거듭나도
네 인생 네게 맡기고 어쩔 수가 없구나

해변에 살고 싶네

날이 새면 수평선에 뜨는 해를 맞이하고
푸른 바다 가슴 안고 바다 내음 맡으면서
동백꽃이 피는 해변 백사장을 거닐으고
금빛 물결 뛰는 고기 갈매기 벗을 삼아
돛 달고 노를 저어 비단 물결 헤치면서
정다운 우리 님과 해변에 살고 싶네

청옥빛 넓은 바다 배도 뜨고 섬도 뜨니
바람에 춤춘 파도 햇살에 꽃핀 물결
파도가 부서지니 구름 날고 백구난다
움직이며 포용하며 청탄병탄 넓은 도량
자강불식 정신기상 몸짓으로 말하는데
바다의 향수 안고 산호나라 살고 싶네

해가지면 갈매기도 구슬프게 우는 해변
달이 뜨면 은빛 물결 반짝이는 별빛 바다
백열등 집어등에 모여드는 고기떼들
한시 조금 들물날물 물결 따라 어장 보며
만경창파 뛰어노는 농서양을 품은 바다
우리 님과 달맞이하며 해변에 살고 싶네

나그네길

오늘도 수평선에 아침노을 해가 뜨네
개나리 봇짐지고 표주박을 허리차고
남도천리 임을 찾아 하루해가 질 때까지
하늘보고 춤 추고 구름보고 싱긋 웃고
청산따라 세월 낚고 산새노래 풍악삼아
지친 몸 이끌면서 낯선 길을 찾아갈까

오늘도 서산마루 하루해가 지는구나
굴뚝에 연기처럼 사라져갈 인생인데
그까짓 것 사랑이야 스쳐가는 바람인 걸
하늘을 지붕 삼아 산마루를 베개 삼아
흰구름만 이불 삼아 벌레소리 자장가로
한 세상 지친 몸을 어디 메서 쉬어갈까

오늘도 별바다에 소복달이 홀로 가네
세상을 따라가랴 자연을 따라가랴
행복 찾아 헤매다가 청춘 가니 임도 가고
짧은 인생 한자리 꿈 사는 것은 고역이라
비단 옷 걸쳐 입고 밤길 가는 나그네길
지친 몸 달도 지고 어느 섶에 자고 갈까

우리 집

땀 흘려 올라 들어 창문을 열지 않아도
진수성찬 수라상에, 은하별 달 뜬 하늘
눈부신 태양이 문안하시는 거실 안방
태평양 맑은 공기 백두산 가는 문턱

지하수 옹달샘에 목을 추기고
뒷동산에 등산하고 앞 운동장을 뛰며
옆 목욕탕에 속진(俗塵)을 칼커리 씻고
한가로이 노닐면서 책을 읽는 집

젊은 전설 오순도순 함께 나누며
황혼에 한가로이 양떼를 모는 목동처럼
오뉘처럼 촘촘히 각각이도 살아가는
아파트 목석원(木石園) 나의 집

제 2 부. 사랑 두고 가시는 길

타인他人

우리는 마주보며 언제나 정인(情人)
그러나 돌아서면 언제나 타인
타인은 자고나면 칠면조던가
아무리 잘해줘도 쓰잘데 없는
타인은 사람이되 뱀 같은 사람(他)

내게 온 그날부터 너는 떠나서
마주 서 보고서도 마음 저만치
우리는 가을 타는 낙엽이던가
정거장에 스쳐가는 손님이던가
남의 다리 긁고서 시원하던가?

주어도 주어도 끝없는 사랑
만나도 만나도 만날 수 없고
보아도 보아도 보이지 않고
잡아도 잡아도 잡히지 않는
남남이란 그 거리가 정말 멀구나!

타인들

못 만났던 날같이 우울했던 날은 없고
만났던 날같이 기쁜 날은 없었던 날
잠간 끓어 넘치다가 금방 식는 냄비 사랑

사랑한다 말은 해도 속마음은 콩밭이요
돌아서면 잊으려고 전화통도 못질하곤
사랑도 대못 쳐서 익다 곪아 떨어졌지

스쳐가면 연연했던 보람처럼 아낀 인연
너와 나는 알 수 없는 봉놋방 길손인데
무거운 짐 벗어놓고 홀홀이도 떠나가세

꿈이 달라 삶이 다른 관심 밖 무정 지대
어차피 세월가면 잊혀 질 타인들이
냉정히 작심 더하고 돌아보지 말고 가세

정절한 교양 쌓아 비단결의 속마음에
간다는 말 못하고 알 듯 말 듯 돌아가며
서서히 아가 젖 떼듯 모(母)정 떼고 가는구나

가실 사람

미륵세상 극락 열어 불은 입어 살 님아
오신 것이 한이 되어 고뇌 찬 영혼인데
어차피 가실 길인걸 주저 말고 가시구려

가실 곳이 다른 인데 서둘러서 가시구려
깊은 속내 감추우고 다웅다웅 할양이면
차라리 어우렁 더우렁 두타행을 하시구려

명예직위 황금 좇아 절집 지어 가실 사람
가사 장삼 염불 불공 중이 될 수 없을 바엔
오로지 탐욕을 벗고 해탈문에 드시구려

질긴 인연 끊지 못해 갈등 속 살던 님아
주머니 속 송곳 끝은 감추기도 어렵다오
아상의 그물에 걸려 사바세계 벗으려오

신발 벗어 둘러 두고 정 없이 살던 님아
세속 인연 연이 깊어 가녀린 몸 병 들었소
이차피 배신하신 길 날을 받아 가시구려

가시는 길

거미줄 인연이라 진달래꽃에 만났던가
부질없는 사랑이라 단풍처럼 변했던가
하늘이 갈라놓을 때까지 동행하지 못하고

곁에만 다가와도 평화가 찾아오고
목소리만 들어봐도 미소가 피어나도
어차피 정 달라 제 갈 길로 갈 것을

가슴 속에 가시처럼 따가와도 몰래 앓고
좋은 듯 있는 듯이 말없이 베를 짜도
자로 재나 근에 다나 세월 가면 아는 것을

정 있는 체 하들 말고 가실테면 가사이다
다사로이 좁히려도 살 닿지 않는 머나먼 길
구차히 둘러가지 말고 지름길로 가사이다

내 사랑

마음은 미세한 공간을 공기처럼 날아
오직 너에게로 너에게로 향하는 화살
사랑은 비좁은 바위틈 흙을 적시는 물

오직 너에게로 너에게로 스며드는 물,
소리 없이 형체 없이 시도 때도 없이
중뿔나게 청공을 하염없이 날고 날아

너의 금성철벽인 정조의 성을 허무는
나 마저도 알 수 없는 별을 향하는
휘발성이 강한 내 사랑 내 사랑.

가버린 사랑

영원처럼 오매불망 사랑이 각인되어
생동하는 가슴 박동 느끼면서 사는 행복
지독한 사랑의 맹서 스쳐가며 잊는 세월

만나보면 고운 님이 헤어져서 미운 남이
이리 보면 님 같은데 저리 보면 남 같아서
도무지 님인지, 남인지 아무래도 몰라라

사랑의 덫에 걸린 열정은 쉽게 식어
희망 없는 그 사랑에 스스로를 빗장질러
어차피 떠나버린 님 정을 주면 무엇해

바람결에 구름 가듯 떠돌면서 사는 여로
나그네 가는 길에 주막집이 한 두 개냐
무엇이 그리 애닯아 뒤돌아만 보는고

사랑의 질긴 인연 업처럼 짊어지고
괴롭고 힘든 날만 갈수록에 버거운데
인생길 허망하여서 마음 둘 곳 없어라

못 잊어서

무엇 땜에
무시로 생각이 나는 가요
아직도 가당찮은 정이 남아 그런가요
사랑했던 추억들이 덜 삭아서 그런가요
골똘히 생각해도 알 수가 없네요

무엇 땜에
쓰잘 데 없는 생각이 나는가요
두고 간 미련들이 덜 삭아서 그런가요
아직도 미운 털이 덜 뽑혀서 그런가요
잊혀진 세월들이 모자라서 그런가요
번민의 세월들이 하고많이 흘렀는데

무엇 땜에
못 잊는지 알 수가 없네요
20년간 사귀었다면 20년이 걸리나요
한 번 든 상처는 지워지지 않는가요
언제나, 눈을 감고 한 세상을 살아가면
인젠가는, 잊을 날이 세월 따라 오겠지요

사랑했던 추억

사랑했던 기억만을 남겨 두고 보낸 사람
스폰지를 쥐어짜면 한꺼번에 물 빠지듯
그 옛날 추억들을 까-맣게 잊으련만

오늘 밤도 부엉새가 불침번을 섧게 서면
기억의 숲 속에 남아 있는 모습들이
안개처럼 가물가물 눈가에 맴을 돌고

바람에 구름 가듯 세월은 흘러가도
켜켜이 쌓인 낙엽 빗방울이 스며들듯
인생은 이끼 낄수록 추억은 젊어지나?

잊혀진 이름

진달래 갓 핀 꽃이 빠알갛게 꿈을 꿀 때
구름이 수놓은 하늘 무지개도 찬란터니
꽃피던 그 고향의 동백꽃이 그리워도
時針은 秒針 뒤에 시간을 깔고 누워
숱한 사연을 쪼아 먹고 어설프게 갔습니다

청산은 나의 정원 꽃과 나무 사계 풍경
태백산 눈에 새긴 미완성의 흙 한줌에
바스락 낙엽처럼 아무렇게나 몸을 삭혀
파랑새는 남쪽하늘 배회하고 사라지고
잃어버린 꿈결 속에 애달픔도 잊었지요

애태우던 산바람에 얼룩졌던 그 시절을
참다못해 못 잊어서 산에 올라 머리 씻고
썰물에 밀물에 주야장천 닦고 씻어
백사장 모래알처럼 그리움도 씻어내고
애잔한 세월 속에 잊혀지고 말았어요

미련未練

한 세월
한 사람을
못 잊어 하는 것은

지나간 막차를
기다리는 것이다

애정에 찌들은 때를
씻어내지 못하고

국민학교皇國臣民 시절

보리종이 교과서에 몽당연필 책보 메고
신작로 십리 길을 깃발처럼 나부끼며
한 많은 초등학교 시절 내 동무들 어디 갔나?

징집 징용 공출 부역 기름 짜듯 수탈당해
누더기 옷을 입고 짚세기 게다 신고
허기진 그 세월을 압박 받고 살던 날

참꽃 오디 필기 먹고 보리고개 넘어 가도
일본 놈들 밉다하여 전봇대 애자 깨고
뱀 보면 다 잡아 죽이곤 개구리는 구해줬지!

조선말을 한 번 하다 "후다" 한 장 빼앗기면
매를 맞고 벌 청소에 전전 긍긍 하던 날도
방과 후 짚 새끼 묶어 축구하던 어린 날

맨손으로 멸치 잡곤 고기 낚고 게를 잡고
밤 물 나면 해바리로 낙지 문어 고동 잡고
쓰라린 초등학교 시절 정들었던 내 친구들.

제 3 부. 산수갑산 보궁 순례

천불동 계곡
무릉계곡
불영계곡
수덕사
오대산
백담사
봉정암
환선굴
백두산 백두폭포(장백폭포)
백두산 천지
두만강
섬진강의 봄

천불동계곡

문수보살 목욕하는 문수탕 수자리에
기암절벽 일천 불상 진기명기 호위하는
천불동 설악 제 일경 비경만을 엮은 계곡

깊게 패인 'V'자 계곡 골골이 폭포 담소
우뚝우뚝 솟은 암봉 연이어진 수궁 절경
돌병풍 양옆에 펼친 천하 절승 명승지

아름다운 설악 와폭 펄럭이는 오련폭포
염주골 음폭 담소 수직 쏟는 양폭에다
흰 비늘 한없이 쏟는 암반 협곡 천당폭포

반달곰 없는 산에 다람쥐가 주인인가
두 손을 비비면서 야금야금 빵을 먹곤
앙큼히 눈치 보면서 더 달라고 손짓해

만학천봉 담소 폭포 그리움을 남겨 둔 채
천화대 공룡능선 가슴열고 머문 인연
운해도 마능령 걸려 자고 갈 듯 서성여

무릉계곡武陵溪谷

청옥, 두타 명산 동천 무릉도원 십리계곡
학소대 옥류동에 선녀탕에 용추폭포
'제 1호 국민관광지' 지정된 경승지라

정선 선비 청운의 꿈 서울 가는 과거 길
장원급제 벗어놓고 두타 구동 밭을 갈고
금란정 경치에 취해 시인 묵객 머무는 곳

억겁 세월 청정 옥수 아로새긴 무릉계곡
천오백 평 무릉반석 풍류시선 글발 위에
비단 물결 목반을 갈아 백석이 씻겨 간다

삼화사 물레방아골 칠성폭포 물을 찧고
만폭동 학소대에 선학이 다가 놀고
옥류동 선녀탕에는 산천어 뛰어 논다

산 좋고 물이 좋아 '제왕운기' 쓰던 골에
층층 쌓은 석조궁전 기라성의 천국비궁
장군바위 장졸을 세워 분열하는 장엄경

병풍암 별천지에 용추계곡 쏟아 붓는

박달재 떨어지는 이십 미터 삼단 폭포
쌍폭포 음양 순리로 기고만장 마주친다

청옥 선녀 오줌살로 뚫어서 판 항아리연
두타 신선 오줌살로 절구질한 소쿠리연
무릉계 제일 명소의 용추폭포 가마솥연

사랑, 번개 여우바위 무궁무진 빛은 기암
천길절벽 낙락 끝에 산신령이 기른 청솔
번뇌 탐욕 다 버리는 몰아지경 별천지라

불영계곡佛影溪谷

불영계곡 사십리에 아흔 아홉 구비친 길
산도 아흔 골도 아흔 번뇌도 아흔인데
광천 따라 꼬불꼬불 옹골지게 넘는 고개

태백산맥 세덕산의 심산유곡 후미진 골
동해바다 경북내륙 그리움이 만난 자리
삼십육도 답운재의 돌고 도는 하이웨이

우뚝 솟은 삼봉암에 은방울 물 은해폭포
웅긋쭝긋 칠 승 바위 중바위 수행길에
선유정 촛대바위에 신선 노는 노적 바위

천길 우뚝 삼각봉에 이승 벗는 좌망대에
천축산 해운봉에 구름인들 자고가고
솔바람 맑은 물에 용추폭포 만하원 골

귀부석 두 마리를 깔고 앉은 대웅보전
山峰 석불 그림자 연못에 진 불영사에
비구니 해맑은 눈에 법화경이 어리었다

수덕사修德寺

소금강 덕숭산의 불조 선맥 수덕사는
천 사백년 부처님의 신통가피 덕을 닦아
걸출한 고승 배출한 선의 종찰 덕숭총림

대웅전은 백미국보 명산 성지 높은 상좌
천년 풍상 전쟁참화 견뎌 나온 배흘림 집
법당에 삼존불 모신 남, 여승의 미리내

견성암에 200 여승 화두 매여 눈물지고
수덕각시 미인보살 버선꽃 피는 관음암
경허, 만공 가풍의 관음가피 크는 가람

속세 인연 벗어 놓고 깊은 청산 면벽한 채
일월 광명 등진 선원 구름번뇌 뜨락에서
오로지 화두 하나로 애욕사슬 끊는다

하안거 동안거에 오체투지 상한 육신
깨달음이 어디인지 태풍대작 홍수 나도
오로지 화두 하나로 세월마저 잊은 채

〈2004. 6. 12〉

오대산 五臺山, 1563m
—명산 명찰 보궁 순례

태백산맥 한 허리의 차령산맥 나눔 길에
비로, 두로, 상황, 호령, 동대산의 5대 산봉
산봉이 연꽃무늬라 '오대산'이라 부른다오

비로봉 양 날개의 산악병풍 둘러친데
중대 뻗은 명당자리 사리, 가사 적멸보궁
백룡이 여의주 품은 형국의 해동성지

한오백년 전나무숲 청정무구 쌓인 백설
반야심경 품은 설산 절승, 명찰 성지 순례
보궁 찾는 오르막길은 숨 차도 기쁘도다

석가, 관음, 문수보살 상주하는 해탈가람
태고가 흐르는 천년 침묵 월정사의
팔각 구층 사리석탑 달빛도 서성인다

사자산 적멸보궁 발원기도 가피여울
번뇌의 푸른 별빛 풍경소리 퍼지는 밤
세속에 찌든 심장을 고요히 씻어지라

〈2002. 1. 28 부산교사불자회 동참〉

백담사百潭寺

천봉우리 만 골짜기 한 조각 구름 밑에
높은 산 울을 치고 세상 떠나 돌아 앉아
삼재의 재난을 넘어 대가람이 되었다

수많은 운수납자 불원천리 찾아와서
속진번뇌 털어내는 수렴동 백담 청류
번뇌 씻은 물이라서 먹물이 되었던가

천지 자연 천하 만물 근심 없이 자라는 골
옥담 청류 용트림에 부글 콸콸 끓어 넘쳐
백룡이 구비치듯 용추폭포 꼬리친다

아름다운 심산유곡 만해구름 별천지에
천 다리 만 계단에 오르기도 난감한데
구름이 발에 걸려서 수행길은 고행의 길

구곡담 목탁소리 관음폭포 독경소리
가는 임 소매 잡아 용아장성 막아서고
쌍 폭포 천길 벼랑은 환희 열락 쏟아낸다

첩첩산중 영시암에 후식당한 슬픈 사연
밤하늘 푸른 별은 쏟아질 듯 찬란한데
내 별은 숨어있는지 찾아봐도 바이 없네

봉정암鳳頂庵 1244m
—설악산 불교성지 적멸보궁

천 산 만 수 넘고 건너 순례길은 믿음의 길
상처받은 영혼들이 짐을 지고 걷는 중생
피·땀에 오금 저려도 신심 길은 기쁨의 길

봉정암 깔딱 고개 숨이 꼴깍 넘는 고개
할미봉은 미소 짓고 범바위는 '어흥' 해도
인연이 삼단 같아서 오고 오고 또 오는 길

하늘 아래 제일 높은 봉정암에 다 왔노라
불국성지 기도도량 불뇌사리 뫼신 석탑
봉바위 석가여래상 만 불자의 고향집

봉황새 알을 품은 터 사려앉은 적멸보궁
우뚝 솟은 봉암 산신 나한 칠봉 병풍을 친
반야의 푸른 하늘에 마음 여는 해탈 승가

탐, 진, 치에 물든 망념 마음이 암이 되어
일구월심 깨달아서 그 마음 속 극락 열어
여래께 귀의하고파 찾아오신 불심들

환선굴幻仙窟

강원도 삼척 대이 구절양장 아흔 고개
지구 속살 훔쳐보는 미지의 동굴나라
한여름 피서여행지 염라대왕 냉장고

덕항산 촛대바위 동네처녀 바람나고
둔부암 약수 마셔 아들 낳는 청수갑산
굴피집 통방아 찧는 수통계곡 올라서니

지옥사자 쏟아 붓는 선녀폭포 천둥소리
동굴 입에 부는 입김 얼음바람 쏟아내는
세월에 물이 빚어낸 환상의 땅밑 세상

태고적 신비나라 비경의 제일 폭포
중앙광장 옥좌대는 옥황상제 방석이요
사랑은 변하지 않는 황금빛 하트라

동굴산호 흑백유석 세월의 훈장 달은
5억년 살아 숨 쉬는 엄청난 큰 동굴
석회굴 종유석군은 솔로몬의 궁전인가

백두산 백두폭포(68m)
—장백폭포

천지 물이 넘쳐 흘러 북쪽 달문 흐르는 물
용문 절벽 화구 절벽 원두계곡 백두폭포
온 누리 폭포 진수 경 대장관이 여기다

세 줄기 활폭 수가 은하수를 쏟아 붓듯
새 하얀 비단 세폭 천상천녀 내리는 듯
은구슬 진주 구슬로 천둥 방아 찧는 소리

청룡 백룡 포효하며 다투어서 내리는 듯
천군만마 호탕한 기세 지축 울려 내달리듯
백룡들 비룡폭포 소 안개 구름 뿜어내듯

안개구름 날라 피어 뭉게뭉게 피어나니
찬란한 쌍무지갯살 선녀치마 아롱지듯
대변신 백하로 흘러 송화강의 원류라

백두산은 민족의 정신적 지주 천산성악(天
山聖岳)
초록 천지 폭포수로 백두대간 맥박되어
억만년 뻗어나갈 겨레 가슴에 살았다

백두산 천지 白頭山 天池 2,194m

용문봉 절벽허리 등산장랑(長廊) 천만 계단
오르고 또 올라서 장백폭포 넘어가니
달문의 백하계곡엔 산천어를 낚는다

하늘호수 숨을 쉬는 달문 냇물 강변 너머
정겨운 맑은 호수 아름다운 수채화에
언제나 보고만 싶던 거룩한 푸른 호반

높고 높은 산 봉 첩첩 둘러쳐진 천상호수
신령스런 장군명봉 18봉이 병풍 둘러
심장형 푸른 진주를 강보 싸서 안았다

들어오는 물 없어도 넘치기만 하는 호수
늙을수록 젊은 천지 비취빛 수정 물결
검푸른 파도를 타고 헤엄치는 이무기들

한겨레 마음의 고향 신령스런 이 천지에
천상천하 하늘 물에 국경선이 웬말이냐
슬프나 고구려 땅을 뉘라시 찾을 기냐

〈2004. 8. 29〉

두만강豆滿江

—북한 중국간 도문강 강변에서

중국, 조선 河童들이 멱을 감고 놀던 강물
강변 따라 가도가도 불 꺼진 북한 마을
황량한 산야간에 버려진 초가집들
강물도 메말라서 배도 없고 사공 없고
하상에 우거진 풀에 들꽃들만 피었고나

두만강도 우는 듯이 성난 듯이 흐르다가
조금도 흐를 수 없어 죄인처럼 숨은 강물
죄도 없이 갇혀 사는 저승보다 싫은 고향
병 들고 배고파서 자유 찾아 갈려 해도
도망칠까 응시하는 살벌한 국경 풍경

한 많은 세월들이 상처 쌓여 남을 산하
오늘 밤도 가슴 밟는 슬픔들이 목말라서
탈북자는 이런 밤에 국경선을 넘는 건지
대낮에도 없는 인적 밤이 되면 강을 건너
경비초소 총소리는 무엇을 잡는 건가?

섬진강蟾津江의 봄

백운산에 감긴 구름 강물 위에 띄운 세월
영호남의 역사 흐름 남도인심 품에 안은
지리산 정기 묻은 강 남해보고 흐른다

매화마을 청매화는 봄을 맞아 눈부시고
산골짜기 흘러넘쳐 산등성이 뒤덮으며
다압면 청매실농원 매화 타고 봄이 왔네

산수유를 터뜨리고 하동 배꽃 터뜨리곤
황홀한 벚꽃 바다 강을 거슬러 북상하는
어허야 삿대질하는 꿈을 실은 뱃사공아

매화꽃의 흰저고리 봄 보리밭 푸른 치마
삼천 여 장독마다 매실 원액 잉태하곤
그윽한 향기를 담은 봄을 실은 청정강

두꺼비도 왜적 잡은 오백리 남도강에
남도대교 구례 하동 처녀 총각 오작교에
평사리 최참판 집성촌 토지무대 사람들

조약돌 잠 깨우는 재첩 잡는 강물 위에
백사장 갈대숲에 달이 떴다 우는 새야
매화꽃 잔치 열건만 임은 어이 못 오는가

제 4 부. 금목서 꽃향기

설중매
복사꽃
양지꽃
제비꽃
벚꽃
작천정 벚꽃길
유채꽃
민들레꽃
창포꽃
석류꽃
다래넝쿨꽃
금목서 꽃향기
태산목 꽃
대엽풍란 꽃
상사화
해국

설중매雪中梅

백양산 남촌 절골 설중매가 만발코나
백자빛 여린 살결 향내음 풍기면서
옛사랑 흩어져버린 그리움을 찾는가

2월의 세월 베고 춘설에 누웠다가
별방석 도란꽃잎 새침한 작은 몸매
대보름 달빛을 안은 빙자옥질 사랑이여

임그리다 피로 맺힌 고고한 은빛 소망
겨울 추위 가기 전에 잎 먼저 꽃이 피어
화사한 봄편지 쓰는 상사일념 정분이여

엄동설한 눈바람에 서럽게도 피어내어
눈을 뜨고 입술 열어 햇살에 방긋웃고
저만치 오시는 봄에 임마중을 나섰나

강남달이 밝아서 찬 눈 위에 피워내나
청순한 눈망울에 낭자 혼을 그려 내나
천 만 섬 향기를 뿜아 상사 혼을 부르나

복사꽃桃花

임 여윈 애달픔에 허전한 가슴
봄바람 사랑 들어 혹여 뵈올까
연분홍 순정 안고 붉게 피는 꽃

향그러운 꽃내음 임의 입 내음
복사빛 고운 볼에 눈 얼굴 같은
연연한 눈망울에 피었습니다

애틋한 젊은 날의 복사꽃 입술
순정 안고 피를 토해 피어나는 꽃
연분홍 꽃구름이 꽃노을처럼

복숭아(하트) 사랑 안고 못내 지자니
자규도 꽃잎 지는 봄이 서러워
빼꾹 빼꾹 애달프게 밤 낮 웁니다

〈2003 봄 원동 과수원에서〉

양지꽃

—솜양지꽃

바위틈에 얼고 떨고 모진 세월 영을 넘어
뜻을 펼 날 기다리며 기근 혹한 참아 내어
드디어 방긋이 웃는 이른 봄의 영춘화

무참히도 짓밟히며 마, 소, 양에 헐리면서
팔, 다리가 끊겨 가도 초탈한 양 새순 피어
봄부터 늦가을까지 꽃피우는 생명 꽃

연약한 붉은 새 순 짙은 숲속 헤어나선
푸른 하늘 바라보며 별을 보고 꿈을 꾸며
그늘에 서럽게 곱게 피고 지는 눈물 꽃

봄맞이 전령사로 양지바른 산언덕에
봄볕을 쬐고 있는 병아리 떼들같이
해맑은 샛노란 꽃밭 앙증맞은 양지꽃

〈대운산 언덕〉

제비꽃

—오랑캐꽃

춘삼월 제비 날자 제비꽃이 피었네
양지 바른 동산마다 보랏빛 꽃무리들
가녀린 어여쁜 자태 향기 피는 제비꽃

소녀가 오려 만든 우아한 색종이 꽃
보라 빛 아미에 쑥빛 치마 차려입은
봄맞이 강산 수놓은 풀꽃 중에 여왕 꽃

억울하게 짓밟혀도 초롱초롱 일어나선
앙증맞게 웃음 짓는 눈물겨운 아픈 사랑
오랑캐 피 한 방울을 받지 않은 오랑캐꽃

순정의 꽃망울에 부끄러워 고개 숙인
혼자 살기 외로워 얼러 사는 민족애에
야생화 산제비의 넋 푸른 날개 제비꽃

〈쇠미산의 봄〉

벚꽃

꽃이 피네 꽃이 피네 고운 님이 찾아오네
봄의 총애 흠뻑 받곤 모질게도 피어나서
여린 몸 휘어지도록 눈부시게 만발하네

수천만 꽃 어우러져 꽃구름의 무릉도원
거리마다 꽃대궐로 온누리에 고운 향기
천사표 봄처녀처럼 중매쟁이 기다리네

산, 들 , 마을 방방곳곳 청명 4월 벚꽃천하
흐드러지게 활짝히 핀 화려한 꽃바다에
봄날은 통제할 수 없는 지상 최고 축제 쇼

꽃이 지네 꽃이 지네 정든 님이 떠나가네
봄바람에 휘날리며 함박눈이 내리듯이
일시에 낙화풍유로 산화공덕 베푸시네

꿈결 속에 찾아와선 애잔하게 가는 님아
바람같이 가는 청춘 꽃샘추위 오셨던가
그렇게 곱게 살다가 아름답게 가시는가?

〈2002 진해 벚꽃 축제에서〉

작천정 벚꽃길

강남 봄 무르익은 자수정골 벚꽃 터널
작괘천 5리 길을 활짝 덮은 꽃구름에
봄놀이 벚꽃잔치에 인산인해 따로없네

남 따라 덩달아서 꽃구경을 나온 인파
일년 만에 삼일장날 꽃바다에 봄을 파는
속이고 속는 허가장소 팔고 사는 가설시장

군중 속에 잊을세라 손에 손을 마주 잡고
가족의 화합 속에 행복이 영글어서
사랑의 꽃에 취한 분홍빛에 물든 거리

비몽사몽 감탄하며 함박웃음 터뜨리는
흐드러진 은빛 세계 화려한 꽃놀이의
짧은 여정 긴 여운의 하룻길 봄나들이

통돼지는 땀 흘리고 빙글빙글 물레 타고
통닭들은 발가벗고 구불구불 철봉 타고
꼼장어 나체바람에 지글지글 익는 거리

축복의 꽃 청춘이 마파람에 사위어져
뉘 사랑 이별인가 꽃바람에 떨어지는
환상의 사랑에 젖는 행복 따는 벚꽃길

유채꽃

언제나 임을 향한 그리움을 가슴 안고
모진 겨울 눈 서리를 견디어 온 그 사랑이
소망의 큰 보람을 한아름 피어내어
봄을 맞아 한꺼번에 온 들판에 일어서서
황홀한 훈장 달고 너울너울 춤을 추는
가장 고운 꽃망울로 꿈이 되어 피어났다.

오로지 임 뵈올 날 한 순간을 위하여
가녀려도 순박해도 치열한 그 영혼이
정을 가득 소담스레 우주를 담아내어
고운 마음 순한 마음 애절히도 키워내어
남녘땅 남풍 불제 안개처럼 온 누리를
가장 빛난 절정으로 을숙도를 수놓았다.

산들산들 봄바람에 청춘을 거닐으는
어여쁘신 연인들은 너를 보려 찾아와서
너의 품에 안기어서 못내 좋아 어루만져
향내 나는 너 입술에 입맞추며 사진 담아
샛노란 꽃잎 물감 옷자락에 그려 가는
가장 멋진 꽃잔치의 사랑으로 피어났다.

〈2003 4. 14 을숙도 유채꽃밭에서〉

민들레꽃蒲公英

소쩍새가 우는 봄날 바람결에 떠나고파
자란 고향 탈출하여 이상향을 찾아 나서
찬란한 금빛 왕관 소망날개 활짝 펼쳐
내 소망 꽃 필 곳 찾아 정처 없이 가련다

영토를 개척코자 하얀 깃털 낙하산 타고
산을 넘고 강을 건너 하늘을 맴돌다가
잃어버린 고향 찾아 지울 수가 없는 향수
어느 곳 내릴지라도 팔자대로 사는 거지

척박해도 비옥해도 안간힘에 뿌리 내려
잎을 피어 산지사방 샛노란 꽃 계속 피어
차이고 밟히어도 끈질기게 일어나선
꿀 향기 한아름 안고 노란 웃음 만발해

그 누가 그리워서 샛노랗게 물들었나
임 모습만 바라보다 백발 되어 늙었나
씨앗 매단 나그네로 바람 타고 가는 걸까
이 풍진 세상 헤치고 뜻을 이뤄 사는 꽃

창포菖蒲꽃

신성계의 영초던가 청초한 창포 잎새
형제 잎 깃을 엮어 우아한 마음 향기 품고
청정한 연못 둘레에 싱그럽게 피었다.

얼싸안은 뿌리에서 사이좋게 자라나서
꽃대궁 마디마디 부푼 꿈을 잉태하고
샛노란 창포꽃송이 화사히도 피었다

넓다란 세 꽃잎 능청맞게 드리우고
황금꽃밥 감추고파 꽃잎 덮게 살포시 덮어
잔 꽃잎 속옷을 갖춰 정갈히도 꾸몄다

오월 왕관 단오날에 임 뵈올 날 기다리는
신선 연못 창포꽃밭 그윽한 방향향기
청결한 수중공준양 꽃중에도 꽃이로다

부칠 곳 없는 정열 가슴 깊이 감추우고
물결 위에 아른아른 달빛 밟고 자라나서
빙그레 웃음 머금은 향긋한 얼굴이여

〈청도 호수에서〉

석류石榴꽃

보물 단지 갑옷 벗어 칠성꽃잎 피어나면
황금꽃밥 향기 피여 임 맞으려 단장할 제
꽃잎도 서로 손잡고 임마중을 가잔다

꽃이 지자 꽃받침통 보석알로 영글어서
빠알갛게 익은 순정 수줍어서 볼을 붉혀
장밋빛 사랑을 토해 못내 풀려 하는가

폭풍 언덕 고개 넘어 무르익는 은혜 받아
세월이 과일 속에 단맛으로 성숙하여
오로지 당신을 향해 새빨갛게 익었다

찬란한 보석알이 히-벌레 입 벌리고
임을 향한 깊은 시름 멍든 가슴 균열되어
열정을 어쩌지 못해 붉은 심장 터졌다

산호빛 속살들이 달콤 새콤 이가 시린
향그러운 붉은 순정 속마음을 열어 놓고
사랑을 하소연하고픈 한가을의 여심아

다래넝쿨 꽃

높은 산 덩굴나무 임 죽은 넋이던가
이별만은 정녕 싫어 칭칭 감아 쓸어안고
오로지 임 보러 가는 길 타오르는 그 집념

산자수명 깊은 숲에 한 생애를 묻어 두고
정열의 잎자루에 청춘의 비만 잎새
한평생 해바라기에 바람 벗해 춤춘다

은실 단장 임을 보려 금실 단장 곱게 꾸며
별방석 다섯 꽃잎 새하얗게 활짝 웃곤
오로지 만날 날 위해 사랑만을 쏟았던가

고귀하신 선녀던가 그늘 아래 꼭꼭 숨어
청초한 고운 얼굴 누가 볼까 감추어도
향긋한 향기 통신에 벌, 나비는 보는 것을

청산에 이는 숨결 귀한 사랑 담겼더냐
아기 다래 이마 위를 햇빛들이 쓰다듬어
청다래 단물이 들어 산새들도 노래하니

〈지리산 법계사에서〉

금목서金木犀꽃 향기

소슬바람 산들산들 다정한 가을볕에
풋내 나는 과일들이 색칠하기 바쁜 날에
금목서 풍성한 꽃내음 방향 피는 초가을

상록잎새 겨드랑이 백만송이 금꽃다발
앙증스런 좁쌀꽃에 요염하게 향내 피는
사랑을 풀어 던진 첫사랑의 향기런가

설한 강풍 멍에 메고 한발 홍수 안고 넘어
기다림을 담아내어 해맑은 미소짓곤
천연의 약속을 지켜 다시 웃는 고운 꽃

청명한 푸른 하늘 뭇별들이 총총한데
귀뚜라미 우는 사연 그리움이 퍼지는 밤
향그런 우리 님같은 못내 좋은 그 향기

〈경고 등교길 동대신동에서〉

태산목 꽃洋玉蘭

번뇌 끊고 홀로 서서 임의 사랑 가득 안고
언제나 영혼 깊이 키워가는 대덕 몸짓
고울사 저 꽃 한 송이 오뉴월이 화사해

반질반질 큰 잎새에 한 가지에 한 송이뿐
탐스러운 큰 한 흰 꽃 화사한 열두 꽃잎
그윽한 방향 피우는 순백함의 우아함

영혼으로 피는 꽃은 지극히도 아름다워
눈부신 그대 얼굴 고귀하고 품위 있어
언제나 보고만 싶은 꽃 중에 꽃이로다

꽃은 사랑의 순수 언어 조물주의 최대걸작
양귀비도 이 꽃만큼 화려하지 못할 지고
저렇게 고이 피고도 한 마디 말이 없다

풍찬 노숙 숱한 시련 고개 넘는 한평생에
태산같은 보람 엮어 피는 꽃은 아름다워
참사랑 꿈을 키워 낸 군자 같은 으뜸 꽃

〈중국 산동성 가로수에서〉

대엽 풍란 꽃

한 줌의 적은 흙알 한평생을 자족하고
서너 잎 청록 잎새 청빈한 곧은 성품
꽃 대궁 몸을 낮추는 겸손하신 선비여

이따금 여린 정에 고독한 삶을 살며
뿌리인들 더러우랴 하이얗게 씻은 살결
새파란 충절을 안은 이슬 맺힌 잎새여

햇님 달님 가슴 맡에 바람서리 벗을 삼아
해맑은 연두살빛 고고한 청아 자태
5, 6월 길목에 서서 빙긋 웃는 입술이여

우아한 삶이 배인 청초한 정 피워내어
연보라 윗입술에 자주색 아랫입술 벌려
은은한 방향 풍기는 요염도 한 선녀여

〈집의 분재〉

상사화相思花 이별초

꽃이 피면 잎이 없어 꽃은 잎을 생각하며
잎이 피면 꽃이 없어 잎은 꽃을 그리워선
내 사랑 보람도 없이 가슴 태워 지는 꽃

내 가슴에 너를 심어 나는 너를 생각하며
너 가슴에 나를 심어 너는 나를 그리워선
혹여나 은밀히 피면 밤이라도 만날까

앞산에 두견새 울때 내 사랑을 너 모르고
뒷동산 청노루 울 때 너 사랑을 나 몰라도
못잊어 그리워하는 님 그리는 상사화

봄에 핀 청란 잎새 기다리다 가버리면
가을에 핀 자홍 통꽃 보고지고 피어나도
내 님은 세월이 데려가 만날 수가 없구나

〈밀양 표충사에서〉

해국海菊

바닷가 바위틈에 실뿌리에 생애 걸고
해풍 풍파 손발 끊겨 모질게도 살아나선
대대로 생애를 이어 한평생을 푸른 잎

줄기는 나무인데 가지 잎은 풀이어라
주걱 잎 우산 펼치고 살찌게도 피어나선
바닷가 한군데 모여 정다웁게 사는 꽃

바다 이슬 몸을 씻고 임 맞을 향기 피워
파도소리 노래 듣곤 가슴 풀어 해풍 맞아
아득한 바닷가의 이상향에 사는 꽃

잎만 피어 좋거니와 꽃 피어선 더 좋아라
몸에서도 향기 나고 꽃에서도 짙은 향기
바닷가 해국 장관에 한가을이 더 좋아

저 꽃은 나와 같이 바닷가가 고향이라
사랑 번뇌 벗어 놓고 고향 품에 살고파서
담자색 꽃피는 계절 너를 보러 왔노라

〈서생 간절곶 등대에서〉

제 5 부. 청정무구한 자연

보리밭

보리밭 바랭이는 보리보다 무성하고
벼논에 피 이삭은 벼보다 번성하고
깨밭에 개망초는 깻잎보다 키가 커서
무성한 잡초를 뽑고 피땀 흘려 짓는 농사

한 알의 씨앗 죽어 수백 순의 자손 얻어
한겨울 눈 얼음에 얼고 떨고 살아나서
고개 들은 보리 이삭 철이 들어 고개 숙여
보리밭 푸른 초원 황금물결 치는고야

진달래꽃을 먹고 봄을 씹고 사는 마을
보릿고개 아흔 아홉 보리피리 부는 소녀
꺼끄러기 보리이삭 탐스럽게 피어나서
새파란 꿈이 영글어 파도타기 하는고야

부엉이 우는 마을 보리누름 허기질 때
연두빛 바람 따라 초록 수염 휘날릴 때
넘실넘실 춤을 추는 임을 보는 보리초원
종다리 창공에 날아 해울음 우는 고야

허리 굽은 농부 손에 낫에 번쩍 베어서는

보리단을 타작마당 뙤약볕에 널어놓곤
막걸리 도리깨로 어야디야 타작해선
검사 받아 매상해도 돈푼도 안-되는 걸

보리수

연화산 옥천사에 천년 묵은 보리수
두타행 고행길에 도를 깨친 대덕인양
짊어진 바랑 잎새에 염주알도 많도다

모진 풍상 겪을수록 정한 몸 추스르며
파란 많은 한 생애 인고의 영을 넘어
칼바람 비정할수록 큰 뿌리를 내린다

고행을 감로수로 무거운 짐 내려놓고
옥천수맥 공양 삼아 알알이 잉태해
천년의 청정무구한 보리만을 맺혔다

험한 세상 버거워서 삶에 지친 영혼에
걸림 없는 한세상 번뇌 망상 떨치고
속세의 질긴 인연을 미련 없이 벗었다

수리떼 구름안고 휘감아 도는 석양
청연암 목탁소리 오욕칠정 씻어내고
청풍에 오뇌를 빨아 노을빛에 말린나

〈고성 연화사 청연암에서〉

분재盆栽

내 뜻은 눈곱만큼도 없이
남의 의지로 살아야만 하는
여기 살인적 억울한 삶이 있다.

어질고 시퍼런 자유분방한 생명을 체포해
허리, 사지를 무참히 잘리고
온 육신을 쇠사슬로 꽁꽁 묶이어 뒤틀려 온
여기 피 흘린 억울함이 있다.

예리한 칼과 가위로
각본대로 설계해 좁은 흙밥 감옥에서
죽도 살도 못하여 응어리진 채 순응한
여기 눈물 나는 세월이 있다.

이렇듯 피멍든 내 생을
사람들은
그래서 나를 '멋지다' 한다
한 포기 예술이란다.

〈2003. 1. 23 제주 분재예술원에서〉

담쟁이

음지에서 태어나서 양지만을 바라보고
행복을 향하여서 정상을 정복하고
끈질긴 끈기 하나로 인내로서 사는 생애

어쩔 수 없는 절벽 담벼락의 허리안고
천천히 말도 없이 한 치 두 치 기어올라
가파른 절망을 잡고 기쁨으로 오른다

가녀린 실뿌리에 푸른 꿈을 매달고는
태풍이 몰아쳐도 소낙비가 퍼부어도
오뉴월 뙤약볕 아래 푸른 의지 암벽등반

초원 같은 담장넝쿨 담벼락의 옷이 되어
신경줄 마디마디 아픈 사랑 간직하고
단풍든 새빨간 잎새 일편단심 넋이여

시작은 미약해도 미래는 장대한 것
낙락장송 정복하고 천길 절벽 넘어라도
언제나 임 오신다면 어디라노 가리라

만추晩秋

색색이 알록달록 수놓은 가을 산에
낙엽 지는 오솔길에 사연일랑 남겨 놓고
꿈에 살던 그 사람은 어디 메를 걷고 있나?

겸허히 옷을 벗고 떨고 있는 나목하나
야윈 가지 매어 달린 까치밥만 남았듯이
고운 정 한 조각 두고 어디론가 떠났나?

명산마다 초록 능선 밑그림을 그려놓고
잊어버린 별 하나를 속눈썹에 감추우고
저 달도 만리 창공을 저리 수이 가느냐?

바위솔

바위 틈 흙 한 톨에 한평생을 걸어두고
세찬 풍상 역경 딛고 실한 꽃대 길러내어
촘촘히 잎새 뭉쳐서 고층 탑을 쌓는 삶

고댁(古宅) 지붕 증인처럼 기와 틈에 뿌리 서려
연한 녹색 별꽃받침 주걱 잎새 속옷 입고
옛 지붕 지킴이 되어 희망 엮어 사는 삶

목초(木草)도 아닌 것이 선인장도 아닌 것이
역경에 처할수록 창검 같은 굳은 기개
오로지 의지 하나로 군자처럼 사는 삶

바위도 세월이 아파 금이 가고 부스러진 데
역경 딛고 피는 꽃은 더욱 더 아름다워
일생에 한번 꽃 피면 허무하게 가는 삶

제 6 부. 언제나 가고 싶은 곳

장엄한 꽃밭
—부산항 야경

해넘이가 시작되면 황혼도 사라지고
항구도시 함지박에 땅거미가 찾아오면
찬란한 오색 보석 종횡으로 줄을 꿰어
도깨비 불꽃밭처럼 번져가는 저자거리

백열등 수은등에 휘황찬란 네온사인
청등홍등 불야성에 임 그리는 상사화로
비바람 노맞으며 검은 세상 빛이 되어
아침 해가 뜰 때까지 가슴 태워 밝히는 불

두 눈에 불을 켜고 누-떼처럼 가는 차들
달빛 별빛 벗을 삼는 산마루의 불침번들
밤바다의 궁전처럼 파도 이랑 가는 배들
인생사 애환을 싣고 밤을 태워 새웁니다

알 수 없는 인생살이 희노애락 삶이 절인
웃음꽃 눈물꽃에 피와 땀이 아롱진 꽃
청춘남녀 미리내에 사랑이 타는 광장
찬란한 불꽃의 성찬 황홀경의 야시경(夜市景)

〈우리 집에서 본 야경〉

광안대교에서

금빛은빛 초록바다 별을 심은 용궁다리
부산 미래 열어나갈 장대교량 광안대로
한 바다 이십리 길을 축지법에 가는 길

태초부터 바다로 갈라놓은 심해 상에
다리는 발목 걷고 짠물 켜고 건너가고
파도는 와글거리고 허벅지를 몰아친다

숱한 어부 이야기가 떠다니는 전설바다
은가루 광안 백사장 파도너울 몰아 부어
시작도 끝도 없이 파도춤을 추는 바다

칠흑 같은 대양위에 칠면조의 야광 등불
잠든 밤에 변화하며 화사하게 꽃핀 야경
시련의 긴 밤을 토해 불빛 수를 놓은 다리

인간 혼을 밝히는 불 계절, 요일, 시간별로
빨주노초파남보의 십만 가지 발광 변화
찬란한 경관조명등 주탑 교각 연출해

다리상판 분홍차는 사랑 싣고 달려오고

수평선의 무역선은 꿈을 싣고 쫓아가고
다리밑 비단물결에 푸른별이 진을 쳤다

난간 위에 대보름달 장산마루 걸리었고
갈매기는 밤이 슬퍼 임을 찾아 울며날고
백사장 대형달집에 큰불 났네 불놀이

〈2004. 정월 대보름날〉

APEC 불꽃축제 해상 쇼
—첨단 멀티미디어 지상 최대 불꽃 쇼

초록바다 칠보불빛 밤이 타는 광안대교
칠흑 같은 밤하늘에 별을 쏘는 해상 쇼
밤하늘 수놓는 폭죽 황홀한 불꽃 쇼

보름달은 별을 달고 달무늬를 그리는데
너울 파도 몰아치는 꿈과 낭만 광안해변
어쩌면 이렇게 아름다운 환상적인 불놀인가?

서치라이트 여덟 개가 탐색하듯 도는 해변
바지선 열두 척이 일렬로 가로 벌려 차례대로
경쟁하듯 장단 치듯 질서 있게 불총 쏜다

우레 치듯 폭죽소리 불대포가 솟구쳐선
수 천 개 야광주가 일시 폭발 꽃불 하는
하늘은 화등잔처럼 번쩍 밝아 쓰러진다

큐우빗의 불화살이 한 시간에 팔만 발이
달을 보고 날아올라 콩 복듯이 깨 복듯이
백만 명 가슴에 박혀 참사랑에 푹 빠진다

나이야가라 폭포처럼 쏟아 붇는 은빛 섬광

장엄히도 아름다운 휘황찬란 불꽃에 취해
군중들 아!-감동소리 신음하는 아픔이여

부산 갈매기 꿈을 꾸는 해원의 노랫소리
아름다운 동행 21개국 붉은 우정에 맺은
야광주 불꽃 활짝 피는 영원한 사랑이여

가족끼리 자리 깔고 이불 덮고 환호하며
넘쳐나는 백만 인파 얼빠진 듯 바라보는
별을 따는 연인마다 환상의 꿈에 산다

〈2005. 11. 16. 21:00 광안해수욕장에서〉

창선 · 삼천포 연육 대교에서

—삼천포 창선간 대교

노젓는 나룻배로 가마타고 시집가던
수채화 한려수도 임을 두고 그립던 섬
금남호 세월에 밀려 사공도 퇴역했네

살찐 어족 행렬지어 조수 따라 오고가며
은비늘 금비늘로 파닥이는 이 바다에
네 섬에 일곱 다리 엮은 해상 십리 연육교

사장교(삼천포교)는 여든 줄에 대방 모개 그네 뛰고
상자형교(늑도교)는 두 다리목 늑도 초양 물에 걷고
아치교(창선대교)는 창선 늑도 걸어놓은 무지개라

억년 파도 닳고 씻긴 돌병풍에 둘린 섬이
한려수도 표류하듯 포도알로 떠 있는 데
교량의 진열장 같은 동양최고 연육대교

남해 젖줄 파란 숨결 용트림을 쏟아내는
고뇌의 바다에 누워 해조음에 절인 고독

네 설움에 내 설움 엮은 고독을 깁은 다리
거센 조수 발을 잡고 세차게도 흔들어도
사랑 미움 벗어버린 귀양살이 섬이 싫어
다리는 발목 걷이고 삼천포를 건너간다

날물 들물 통영 여수 오고가는 길목에서
산호 진주 청정 해협 숱한 사연 물굽이에
여울목 죽방 어장들 멸치잡이 진을 쳤다

〈2003. 5. 12〉

섬진강蟾津江의 봄맞이

토끼봉에 머문 구름 강물 위에 띄운 세월
영·호남 젖줄 530리 남도 인심 길러내는
지리산 처마밑 뚫고 에돌아서 흐른다

새하얀 청매화는 화사한 꽃 세상에
샛노란 산수유꽃 꽃구름이 내려앉은
봄 마중 가려 하거든 섬진강을 가거라

쌍계사 십리 벚꽃 황홀한 꽃 하늘에
물길의 꽃길 고장 하동포구 팔십리에
춘설이 봄을 막아도 꽃을 타고 오는 봄

구례 하동 처녀총각 남도대교 오작교에
평사리 최참판댁 토지무대 마을 사람
꽃향기 실어 나르는 봄을 실은 섬진강

조약돌 잠 깨우는 재첩 잡는 호미마다
두꺼비 잠 깨우는 참게 잡는 거룻배에
어허야 삿대질하는 꿈을 실은 어부야

꽃 피고 물새 우는 아름다운 강마을에
하동송림 연인들아 줄 나룻배 뱃사공아
섬진강 달이 다 떠도 우리 님은 안 오나?

간절곶 일출경
—서생등대 해맞이

간절곶은 아시아에 제일 먼저 해 뜨는 곳
이 바다에 점화되는 한반도의 동방 등불
잠자는 유라시아의 어둠을 걷습니다

연오랑은 거북타고 일본 가서 왕이 되고
세오녀는 바위타고 따라가서 왕비 되니
동해왕 일곱 아들이 이 바다에 춤춥니다

신화 많은 이 바다에 일출을 마주하면
처용의 푸른 파도는 살아서 춤을 추곤
용이 준 만파식적은 파도피리 붑니다

등대불을 잠재우고 쌍고동을 울리면은
해녀들 비취빛 물에 곤두박질 칠 때에
수평선 노을을 헤쳐 붉은 해가 뜹니다

갈매기도 떼를 지어 해맞이에 나서면은
화룡선은 수평선 노을을 싣고 오고 가고
어부는 햇빛을 싣고 살찐 고기 잡습니다

쌍무지개

태풍이 달려가며 빗줄기도 데려가고
쾌적한 창공에 흰구름이 떠가는데
반공에 오색도 영롱한 무지개 문 한 채

소델로도 밀어내고 검은 구름 걷어내고
금연산과 구월산이 마주 잡은 쌍무지개
아! 아! 아! 거룩할세라 빨주노초파남보

비단공단 물들였나 천신화공 조화련가
매혹적인 고운 단청 항아님의 궁전인가
초대형 쌍무지개 문 장산 하늘 꽃피였네

천황님이 쓰다 놓은 옥황상제 활이련가
영롱한 오색 청룡 하늘 가는 일주문가
너무나 아름다운 채홍 첫사랑의 메아리

저녁의 무지개는 행운의 징후라니
그 무슨 길조 있어 그 무슨 행운 있어
너랑 내랑 별밭 아래 새아침이 열리려나

〈2003. 6. 19. 16:30~17:05 (35분간)〉

내 고향 창선

섬 중에 작은 섬이 강보 안에 쌓인 섬이
진주만 비단 호수 산자수려 팔선명지
벽재성 왕후박나무 오백년도 청춘이요

대방산 봉화불은 나랏님의 눈이 되고
당밑 해창 전복 해삼 수라상의 찬이 되어
충용장군 용마발자국 충혼의 넋의 고장

굽이굽이 갯마을에 들물날물 핥고 씻는
가뭇없이 파도치는 살기 좋은 복사마을
막은 골 찬새미 물에 좋은 인심 나는 흥선

1면 1섬 이웃사촌 정답게도 사는 형제
유자꽃 향기 속에 장고지 고기 낚고
언개에 굴을 따는 아리따운 아가씨들

한바다에 가두어져 바라보고 못 가던데
갱물에 목욕하고 나룻배로 건너던 섬
명승지 섬을 엮어서 한려관광 육지된 섬

그리움이 밀물처럼 헤집고 밀려드는
지족손도 썰물처럼 새민 날 찾아가면
생로병사 자리 바뀜에 알듯 말듯 고향사람

남해는 내 고향

남쪽 나라 해상공원 그림 같은 섬나라에
푸른 바다 파도치는 유자꽃 피는 마을
남해대교 창선연육교 꿈같은 해안 절경
환상의 해안일주도로 빼어난 산해절승
치자꽃 꽃송이 같은 아름다운 남해 아가씨
임 오시기 기다리는 남해는 내 고향

한려수도 천태만상 금산승경 등에 지고
상주바다 명사십리 푸른 파도 발등 씻는
보리암 쇠북이 울면 세존도 해돋이에
지족 손도 죽방멸치 물결 따라 헤엄치는
치자꽃 꽃송이 같은 아름다운 남해 아가씨
임 오시기 기다리는 남해는 내 고향

진도珍島

소백산맥 지맥이 해저로 흐른
한반도 서남단의 조수(潮水) 길목에
바닷물도 울고 넘는 울돌목 건너
한 해 간 농사지어 삼년을 먹는
한 폭의 그림 같은 기름진 옥주(沃州)

서, 남해의 만나는 물 휘감아 흘러
명량해전 호국성지 물살 드높고
벽파진 푸른바다 충무전적비
삼별초 용장산성 항몽유적지
민족혼은 살아서 맥박 치노니

소치 허련 운림산방 남화(南畵)의 본산
시, 서, 화 삼절의 삼대가 빛나
한두 점 그림 한 폭 없는 집 없고
멋과 흥에 노래 한곡 못하는 이 없어
인생의 주름살도 없이 사는 곳

'서방 올까 팬티 벗고 한숨 잤더니
문풍지 찬바람에 설사만 났네'
씻김굿 강강술래 진도 아리랑

사랑과 애달픔을 예술로 푸는
그림 노래 민속 가득 보배로운 섬(珍島)

첨찰산 쌍계사의 동백꽃 붉은
2·7 장날 진돗개의 시집가는 날
신비로운 바닷길이 열리는 회동
독립문 남근바위 다도해 기암
해상공원 천하절경 용궁의 나라

안면도安眠島

안면도는 송림언덕 해수욕장 천국인데
조공 운반 뱃길 열려 천수만에 귀양 가도
빼어난 해안 절경 해송림에 수놓은 섬

안면송은 '왕실의 숲' 옥골선풍 곧은 기품
풍상세월 만고상청 우산수형 붉은 절개
토종의 우리 소나무 수중 공주 아닌가

할미 할배 천년 사랑 '모세기적' 만나는데
바닷물에 해 빠지면 천지사방 불사를 듯
황홀한 꽂지 해변의 핏빛 노을 일몰 풍경

영목항은 안면도 끝 목가적인 섬나라에
아늑한 포구 풍정 우럭 고동 살찌는데
샛별에 낚시배 타고 대어 꿈에 부푸는 곳

넓은 갯벌 간척지는 정주영의 황금 들판
간월호 탐조여행 조수 따라 섬이 되어
달빛에 크게 깨달은 무학대사 간월암

홍도紅島

삼백리 망망대해 푸른 하늘 별을 세며
해풍에 머리 씻고 풍랑에 발을 씻곤
발그레한 젖가슴에 활처럼 굽어진 섬

바다 안개 이슬 먹은 상록수림 자연박물관
산호바다 기화요초 수중궁의 천연수족관
수평선 아득한 곳에 자맥질하는 해녀 섬

육십리 해안선은 기암괴석 절벽 비경
해안 절벽 소나무는 크고 작은 천연분재
파도는 조화옹 솜씨로 성가시게 조각해

남문(1경)비경 홍도관문 지나가야 복을 받고
아차바위 떨어질 듯 천길 절벽 걸렸는데
석화굴(3경) 석순 자라는 형형색색 꽃동굴

33경에 눈을 씻고 찜질하는 빠돌 해변
홍도 등대 바다 전망 일몰 풍경 장엄경에
신비한 촛대바위 등 천연기념 환상의 섬

거친 풍랑 주야장천 하염없이 몰려와선

암팡지게 뚫어 놓은 여근곡 같은 암혈들
죽기 전에 가 봐야할 섬 홍도라고 했던가

갯바위를 함락 시켜 바위돌로 굴리다간
조약돌을 만들어도 모래알을 만들어도
그래도 뭍 냄새 난다며 씻고 씻는 파도 손

태안반도 해변泰安半島 海邊

태안반도 해안선은 톱날처럼 들쭉날쭉
기암괴석 해송 숲의 천삼백 리 해안 절경
은모래 넓은 백사장 해당화 피는 고장

줄을 타고 곡예사처럼 갯마을 찾아가면
해변마다 백사장에 해수욕장 꼬리 물고
청정해 꽃핀 섬들이 파도 밭에 뒹군다

땅과 바다 승부 없는 영원한 풍파전쟁
파도가 남긴 밀어 모래알로 쌓였는데
모래톱 발 담근 해송 해풍 먹곤 젊었다

갯벌바람 먹고 사는 사투리의 아낙네들
새하얀 아랫도리 물이 차서 올라오면
비린내 궁둥이마다 종종걸음 달린다

만리포(태안 4경) 해수욕장 꽃구름이 피는
희망
오대양 휘돈 물이 조개 고동 애무하는
금모래 5리 백사장 해송 숲에 안긴 바다

안흥성지(태안 2경) 중국 뱃길 파시 열려 살찐 항구

가의도(태안 6경) 옹도, 란도 섬나라의 해상 관광

서해안 '낚시꾼 서울' 꿈에 사는 안흥항

〈2004. 6. 10 경팔 동기들과〉

제 7 부. 유정무정

등산길 리본

나뭇가지 목을 매고 팔랑이는 산길 리본
심산 구곡 후미진 길 헤매 도는 사거리
먼저 간 산행인의 발자국이냐
길 잃은 산행인의 방향등이냐
고향인양 산이 좋아 산을 찾는 나그네
등산 길 하산 길을 손짓해 주네

칠보단장 목을 매고 바람 타는 산길 리본
청산 기암 오솔길에 구비 도는 삼거리
다녀간 산행인의 기념비더냐
상봉 찾는 산행인의 희망등이야
임인양 산이 좋아 산을 찾는 나그네
지름길 바른 길을 손짓해 주네

오색댕기 손에 들고 자랑하는 산길 리본
만학천봉 산길마다 이름표로 진을 친
길을 묻는 산행인의 안내자더냐
산정에 젖은 길손 환영기더냐
신수갑산 옹달샘에 목을 축인 나그네
계곡길 능선길을 손짓해 주네

매미가 운다

7, 8월 뙤약볕에 불가마솥 한달 폭염
참다못해 산에 가면 지천으로 울어댄다
'세상이 왜 이리 덥냐?' 상주 울듯 우는 소리

울창한 숲속에서 바람 부는 그늘에서
한 목숨 다할 때까지 노래하며 사는 삶
풋김치 꽁보리밥에 한여름 고향소리

그 옛날의 매미들은 싱그럽게 울었는데
요즘 매미는 너 죽고 나 살기로 발악하듯
노정권 편가르기식 목청 돋아 패싸움하듯

청산이 떠나가도록 발광하며 우는 소리
서러운 민족 가락 무지렁이 우는 소리
정치 싸움 흉내 내듯 목터지게 우는 소리

나라야 곤죽이 되건 경제야 거들 나건
야당 죽일 굿판 벌려 우리 정권 영구 집권
매미도 '나라꼴 왜 이렇게 됐냐?' 울음 운다

칠암 갈매기

아득한 바닷가에 꽃잎같은 갈매기들
끼룩끼룩 노래하며 너울너울 춤을 추며
새날의 아침을 열고 하얀 날개 휘젓는다

풍운을 미리 알아 떼로 날면 바람 불고
검은 구름 날릴 때면 모름지기 내려앉고
조수를 붙 좇아가며 철 따라 늘 옮긴다

바닷가의 짚시로 무리지어 노숙하며
입, 출항 배를 맞아 영접하고 배웅하며
해풍에 파도를 타고 의기양양 날아돈다

선장들의 길잡이 꾼 바람 타는 방랑자로
멋쟁이 비행술로 자유분방 목욕하며
비행 중 고기떼보면 쏜살처럼 꽂힌다

서너개 알을 낳아 지극정성 품어 안고
숫컷은 먹이 잡고 애면글면 함께 길러
둥지에 접근하면 똥세례를 퍼붓는다

소슬바람 찾아와선 마파람에 기는 칠새
파도가 부서지는 바위섬에 주둔하다
태풍이 휘몰아치면 짝을 잃곤 슬피운다

태풍 '매미'

—사상 초유의 강력한 태풍

얼굴 없는 외눈박이 태풍이 눈을 떴다
뱅글뱅글 맴을 도는 좌회전의 소용돌이
비, 바람을 휘두르며 돌격하는 포세이돈

포효하는 초강태풍(초속 60m) 폭발하는 파
괴 폭군
경남 사천 상륙하여 삼척으로 빠져가며
여섯시간 반 육, 해, 공을 휘젓는 파우스트

하늘 구름 쓸어 모아 폭우 홍수 쏟아 붓고
바닷물을 뒤집어선 육지를 쓸어버려
선창, 제방 깨부싯고 인가도 날려버려

백년 묵은 낙락장송 한허리를 꺾어놓곤
천년 묵은 거목들도 뿌리채 뽑는 악마
처참한 쓰레기장을 연출하는 바람아들

추석명절 한 밤에 찾아온 불청객은
오만한 인간들에 대자연의 응징인가
숱한 생명 삼킨 폐허 할퀸 상처 처절하다.

모교 방문

졸업한 지 반세기만 서울 벗들 만나보니
보고팠던 경팔동문 반가워도 낯선 얼굴
소년이 할바씨 되어 '보금자리' 찾아왔네

전란 시대 아픔 딛고 각계각층 흩어져서
비탈진 삶의 이랑 갈아 나온 70여년에
젊은 날 청운을 키운 모교 찾아 다 모였네

선구자로 육대주를 용마처럼 주름잡고
개척자로 오대양을 고래처럼 구비치던
자랑스런 경고인들 노병 되어 돌아왔네

전시학교 노천 수업 천막교실 돌팍 의자
산비탈을 깎아내고 손발 터져 일군 요람
경고는 우리들 모향(母鄕) 꿈에 그린 귀거래(歸去來)

'메뚜기', '자파니스' 청룡같던 은사님은
옛날 상호 남았어도 백호 되어 안타까워
그 시절 돌아갈거나 쌍백선 교복시절

'모교 방문' 환영하는 후배들의 현수막에
추교장님 원형 교사 기라성의 성채교사
꽃다운 명문 전통의 대를 이을 후예들

사랑은 이른 봄날 꽃보다도 아름답고
우정은 풍우세월 녹슬지 않고 영원하니
산호빛 우정을 담아 일배일배 부일배라

구덕산정 웃음 꽃밭 우정에 만발하고
농담진담 폭소 터져 가슴 뿌듯 푸는 회포
은사님 회고덕담에 학창으로 돌아가네

하늘 본성 땅에 지킨 만고상청 소나무라
연륜들이 고희라고 동갑내기 오엽송을
모교의 연못 정원에 기념식수한 애교심

졸업 50주년의 만남

—주왕산 경팔동문(서울, 부산) 가족

구덕산 산 그리매 군용천막 배운 학창
지하의 보물처럼 가슴 속에 숨겨 둔 채
언제나 그리던 얼굴 보고 싶은 내 친구야

퍼낼수록 맑은 우정 졸업으로 뚜껑 닫고
무정세월 접어 두고 한평생을 그린 너는
부산항 못다 날고 간 파랑새가 아니냐

경고 졸업 50주년 고희(古稀) 만남 합동잔치
풍상 세월 나그네길 황혼길에 만나보니
백발의 주름진 얼굴 몰라봐도 반가워라

우정을 짓밟고 간 고달픈 인생살이
청춘은 뺏어가고 백발만 돌려줘도
그래도 '너무 반갑다'' 옛 친구가 좋은 거지'

주왕산 품에 안겨 명산폭포 답파하며
오매불망 그리던 정 하루 밤 한잔 술에
아득한 희칭세월을 반추하던 늙농부야

월드컵 한국 축구

30박 31일 일생 일대 빅게임
월드컵 한국축구 있어 좋은 날
5각형 12개와 6각형 20개가
하나의 공이 되어 어디갈지 모르는 것

공 하나에 행운 걸고 세계인이 다 모여서
인종, 언어, 종교, 국경의 벽을 넘어
어느 선수 별이 되나 어느 나라 해가 되나
사활을 걸어놓은 총성 없는 풋볼전쟁

불굴의 건각들이 조국의 명예를 걸고
각본 없는 90분 드라마 피 말리는 승부연기
선수들의 영혼은 청잔디에 펄펄 날고
굳센 투지 공을 따라 빠른 패스 압박 축구

이글이글 타는 눈빛 투혼에 타는 불길
'사냥감'을 놓칠세라 묘기연출 전력 질주
뛰어넘어 부딪히곤 가로막아 잡아끌고
거친 몸싸움 울부짖는 용호상박 사자후들

선혈이 낭자해도 비호처럼 건너 뛰어

철옹성 빗장수비 육탄전에 뚫어내어
강호의 진을 넘어 적진돌파 공을 몰아
골키퍼 지킨다고 골을 못 넣으랴?
공과 몸이 하나 되어 환상적인 슛-골인!

골인! 골인! 지축을 울리곤 목 터져라 골인!
5백만의 거리응원 5천만이 하나 되어
활화산 폭발 같은 한반도가 용광로로
감격하여 눈물지고 서로서로 부둥켜안은
감동과 환희의 열광의 도가니라

붉은 악마 파도타고 태극 깃발 물결치며
오! 필승 코리아, 오! 필승 코리아
아! 대-한민국, 아! 대-한민국
함께 웃고 함께 우는 환희 감격 열광이여
원도 한도 없는 축구 축제 장하다 화랑전사

폴란드전에 황선홍 유상철은 2:0으로 쾌승
하고
미국전에 안정환은 1:1로 비겨내고
포르투칼 전에 박지성은 1:0 승리 걷어
겨레의 50년 숙원 16강에 올랐어라
세상을 다 얻은 것 같은 한민족의 이 기쁨

아주리 군단전에 설기현의 동점골에

연장전에 안정환의 황금골로 8강 신화 창조
무적함대 스페인전에 승부차기로 침몰시켜
4강의 금자탑을 만방에 세웠도다
온 세계를 놀라게 한 역동의 코리아

히딩크 용병전술 제갈공명 그 재치
팀 전력 극대화의 결집력 소산이요
온 민족 하나 되어 영광의 횃불 들고
48년 한을 풀어 멋진 장면 연출하며
축구사에 새로운 이정표를 세웠나니
7000만을 행복하게한 기적 이룬 태극전사

〈2002. 6〉

시사時祀

압제 받던 무지렁이 거름더미 주무르며
주린 배 졸라매고 보릿고개 넘으시며
사랑에 자손을 길러 삼강오륜 받들던 님

정성으로 제수 차려 촛불 밝혀 향불 피워
이승을 태워버린 신명을 교감시켜
조상님 신령님 앞에 성심으로 엎드렸소

향불 따라 살아나는 님들의 삭힌 영혼
거룩하신 조상님들 제향을 받으시고
술잔을 올리시오니 흠향하시옵소서

영신례로 신을 맞아 초, 아, 종헌례로 제를 올려
음복, 송신, 망료례로 신을 모셔 보내시되
엄숙한 예의를 갖춰 정성을 다할지라

제사에만 정신 쓰고 정숙한 분위기면
성성 공경 다할 적엔 두 접시에 운감해도
소 잡아 제사 올려도 성의 없으면 불응하오

*　　　*　　　*

1년 농사 추수 후에 10월 상달 돌아오니
조상님의 보본 축원 온 가문이 받드오니
만수무강 보살피사 크나큰 복 내리소서

선산밑에 못살아도 산소 재실 효자 자손
타향에서 못살아도 조상 묘소 참배자손
조상 덕에 잘살아도 내몰라라 이단 자손

세월 따라 사노라니 고향산천 버려두고
조상님 제사모실 이 떠나고 바이없어
선산도 무후장되어 잡초만 무성하오

고기 낚는 처녀 총각

—바다 원앙

손도바다 물살 센데 고기 낚는 저 아가씨
오늘은 한물이라 물살이 거셀거네
발통 뒤에 닻을 놓고 볼낙 노래미 낚아보세
저 아가씨 인물 곱고 고기 낚는 솜씨 좋네
우리 오빠 낚는 솜씨 그런대로 배웠다오
내일도 여기 와서 우리 함께 고기 낚세

강진 바다 돛을 달고 노를 젓는 저 아가씨
오늘 저녁 달이 뜨면 성황당에 만나 주게
어렵지는 않사오나 오빠께서 경칠거네
안 만나면 남이 되고 만나봐야 님이 되지
아가씨가 님이 되면 호랑이도 처남되네
우리 둘이 한 배 타고 광어, 도미 낚아보세

남, 창지족 손도바다 고기 낚는 저 아가씨
농어, 문어 잡아줄게 이내 품에 잠자 주게
어렵지는 않사오나 님 아니라 못하겠네
여보, 님이 따로 있나 정이 들면 님이 되지
한 이불에 잠을 사야 원앙사랑 님이 되지
이 바다에 원앙 되어 행복하게 살아보세

장끼타령

—토끼와 장끼의 대화

토끼가 태산을 오르다가 장끼 집에 들렀다
"껑! 껑! 장서방 장인네 집에 간께는 무엇
무엇 주던고?"
장끼왈
"망개도 과실이라고 망개 하나 않주데!"
"장모님이 없던가?"
"장인 밑에 깔려서 희희 낙락 거리데!"
"푸대접을 받았나?"
"화가 나서 돌아와 열두 번 장가들었지!"
"마누라가 많은가?"
"잡혀간 년 있어도 칠팔 명은 더 되지"
"많은 여자 사이에 씨앗 사움 없는가?"
"인간같이 더럽게 씨앗 싸움 안하고
모두가 오순도순 화목하게 산다네"
"자식들이 많겠네?"
"삼, 사십 명은 될 거야"
"신호만 하여도 절대 복종 한다오"
"무엇 먹고 사는가?"
"풀씨 열매 먹지만 곤충 맛이 더 좋지"
"모두다 제 각각 자립하고 산다네"
"어디에서 사는가?"

"산 언덕 양지쪽 초지 속에 살지요"
"어디 집이 있는가?"
"수풀 속에 집 짓고 임과 같이 살지요"
"어떻게들 사는가?"
"낮에는 무리지어 먹을 것을 찾아서 이동하며 노닐고
밤에는 각자가 나무 위에 올라가 편안하게 잠자요!"
"평생 목욕은 안하지?"
"신토불이 하였네. 흙으로 목욕을 열두 번도 더 하네"
"그런데 자네만 밤낮없이 언제나 껑! 껑! 하고 우는가?"
"어느 시러배 자식이 우리 땅에 올까봐 경계신호 보내지"
"그런 적이 있었나?"
"이 삼일 전에도 어느 놈이 쳐들어와 마누라를 겁탈하기에, 며느리 발톱으로 육탄전을 벌려서 피투성이로 만들어 쫓았지"
"처가 집은 어떤가?"
"말 말게 장인 놈도 나에게 육탄전으로 그러데"
"자네 형은 어디 있나?"
"사냥꾼에 잡혀서 미국에 팔려 갔네"
"자네 동생은 안보이네"

"포수에게 잡혀서 박제감이 되었다네"
"어찌 그리 되었나?"
"아무 잘못도 없는데 사람에게 쫓기어 땅에 납작 엎드려 종종걸음 치다가 하늘에 날아서 포물선을 그리다가 산탄총에 맞았네 인간들은 우리 보면 잡으려고 그러니 도망치기 바쁘네"
"말이야 바른 말이지"
"이 세상 인간들이 억조만명 살아도 우리만 한 게 있는가?"
"그게 무슨 말인가?"
"미쓰 유니버스 미인도 까투리 보다는 못하고 황제 대통령 하여도 곤룡포만 입었지, 우리에게 비할까?"
"깡총깡총 토서방 내 모습을 잘 보게"
"하얀 부리, 붉은 뺨에, 이글이글 타는 눈에, 머리끝 청자깃에, 검은 목에 흰 넥타이, 황금칠보 반무늬에, 하늘 나는 재줏군에, 담황갈색 긴꼬리는 타고난 자연이라. 감히 누가 견줄손가?"
"인간들은 우리만 보면 탐이 나서 기를 쓰고 잡으려지"
그러던 중 조그만 낌새에 새끼들은 어미의 신호따라 엎드려 순식간에 몸을 숨겼다.
작은 아내가 쵸쵸하며, 낮은 소리로 "사랑

좀 해줘요"하니

장끼는 싱글벙글 웃으며, 기다리는 까투리에게 허겁지겁 뛰어갔다.

총선 진풍경總選 珍風景

촌각이 아쉬운 판 시정거리 3보 1배
오체투지 손발 무릎 터지도록 호남아 돌아 오라
맨발청춘 거리 뛰기 얼굴 팔기 악수운동
날좀 보소 한표 주소 단체 삭발 정치 쇼-
노인 폄하 후레자식 별꼴 절반 단식투쟁

절대권력 손에 쥐니 어머니당 배신하고
해바라기 불나방들 철새 당을 급조하여
총선은 야당 죽이기 올인 전 총진군

합법 탄핵 불법 항쟁 민의 오도 촛불집회
홍위병들 조종하여 불철주야 민심선동
대통령도 선거운동 공무원도 따라 하기

방송은 오직 노정부 권력중흥을 위해
절대홍보의 사명을 띠고 정계에 태어나서
정권의 나팔수역 편파방송 선봉대장

권력의 감시견 주구여론몰이 선전선동
"국회의원 물갈이를" 천탕만탕 백여 시간

좌경화 꼭두각시 수법 진절머리나는 방송
시청료 받아먹곤 영일 없이 야당 죽이기
국민이야 좋든 싫든 시청자야 보든 말든
한사코 바지저고리 만드는 우민정치 바람넣기

홍위병들 민선연대 낙선운동 당선운동
부질없는 선거공약 바람잡이 술수인 걸
"말을 사슴이라"(지록위마 指鹿爲馬)하는 세상 어리뚱한 민초들

무슨 법이 법이던가 막무가내가 법이고
돈과 권력 촛불집회 인민재판 최고법에
권력자 제멋대로가 야당 잡는 법이로다

명예훼손 당한 사장 한강물에 투신 자살
감옥살이 억울한 고문 부산 시장 목매 자살
입당협박 서울가다가 비명횡사한 사천 시장

돈이 없냐 권력없냐 너 죽이고 나 살기식
막가파 사람 죽이는 이런 선거 다시는 없었으면

제 8 부. 명산 순례
(부산 경남 편)

눈꽃 산행 장산 길
오룡산 염수봉
함양 백운산
의령 자굴산
금오산(하동)
황매산
사량도 지리산
와룡산(삼천포)
대운산 가는 길
영축산(양산)
가야산 1
가야산 2
재약산(영남 알프스)
간월산(영남 알프스)
구만산
지리산 천왕봉

눈꽃 산행 장산長山 길

—46년 만에 폭설 내린 부산

잃어버린 그 사랑의 그리웠던 편지인지
하늘나라 천사인지 신비로운 눈이 온다
서로들 엉켜 춤추며 백만 선녀 날아온다

등산복 떨쳐 입고 목욕하는 벗을 만나
낭만의 해운대에 보리수 산 설국 동산
백설부 장산폭포 길 눈 맞으며 가는 산

구름나라 전쟁인지 백설세계 경주인지
쏟아진다 퍼붓는다 천만 화살 내리 쏜다
온 누리 백화난만해 천국의 은세계다

아이들은 못내 좋아 눈사람을 만들기에
모든 사람 해방되어 환호성을 지르기에
그리던 평화의 나라 즐거움이 이러하랴?

눈 위에 눈이 쌓여 폭설길이 아득한데
장산 촌가 눈을 쓸고 둘러앉아 먹는 술밥
성팔 벗 훈훈한 우정 쌓인 눈도 다 녹겠다

〈2005. 1. 16 대한 추위〉

오룡산五龍山 966.9m

—염수봉(鹽水峯 816m)

동장군 칼바람이 코를 잡아 비트는 날
자장암의 금와공에 금개구리는 집 나가도
법당 뒤 석간수 맛은 여름철 맛 그대롤세

자장동천 호박소의 구시소 마래소 들에
낙엽 띄운 맑은 물은 조잘대며 경을 외워
통도사 휘돌아 보곤 양산천에 흘러간다

낙엽들은 높이 쌓여 푹신푹신 북을 치고
음지에는 잔설 쌓여 뽀독뽀독 목탁치는
산 첩첩 물은 돌아서 별유청산 건곤이라

하늘 덮은 소나무 숲 헤집다 길을 찾아
산죽 지대 헤쳐대며 달리는 듯 올라가니
가파른 칼바위 위엔 코바위요 차바위라

오룡산 다섯 봉우리 북쪽에서 높이 따라
2봉 1봉 5봉 3봉 산 능선 연결되어
암봉 능선타고 달리면 용처럼 굽이친다

염수봉은 천지 개벽시 바닷물 잠긴 산봉

하류계곡 "검은 바위 머리 꼬리 비늘에 용이 꿈틀대는 데 기우제를 지내는 곳"

함양 백운산白雲山 1278.6m

백두대간 고산준령 남녘하늘 굽이치며
영, 호남의 마루금을 그어놓고 휘달리는
영, 호남 문화 분수령 희망봉의 흰구름 산

미끼골의 산새노래 물소리도 임 노래요
묵계암의 난초꽃은 진보라빛 웃음짓고
떡갈나무 점령한 산 짙은 녹음 가파른 길

큰 암반 위 상련대는 최고운 母기도처요
옹달샘 천연옥수 얼음보다 더욱 찹고
속이 빈 느티나무는 천년세월 청청해

하봉의 전망대는 하늘나라 신선대요
중봉의 꽃능선은 적토마의 잔등인데
상봉의 탁 트인 전망 지리산 파노라마

큰 봉우리 작은 푯돌 암팡지게 앙증맞고
장안 괘관 준봉들이 여기 울뚝 저기 불뚝
풍수학 용혈 명당 터 봉마다 고분이라

〈2005. 5. 24 양평회〉

의령 자굴산猪屈山 897m 종주

백두대간 남덕유산 지맥 끝에 솟구친 산
내조, 외조 병풍을 친 의령인의 기상 웅산
안온한 어머니 산세 굴참나무 우거진 산

진등 능선 녹음 저도 녹록찮은 오르막길
절터샘은 감로수요 명경대는 선계인데
너덜겅 가로지르며 암벽타고 오르는 산

마당바위 굴참 거목 한오백년 산지기요
암벽 굴속 금지샘엔 참물 생생 넘쳐나고
암벽길 솟아오르듯 흥미로운 줄 타는 산

높은 산 연달래 꽃 벌, 나비들 불러 모아
임을 찾는 산새노래 즐거웁게 감상하고
새하얀 층층나무꽃 산화공덕 짓는 산

자굴산 표지석은 지리산을 바라보고
산마루 이정표는 손을 들어 가라해도
산상봉 진달래 능선 무릉도원 보는 산

〈2005. 5. 10〉

금오산金鰲山:소요산 849m
—경남 하동

한려수도 쪽빛 바다 남해안의 제 1봉이
아홉 봉에 아홉 계곡 산줄기 팔십리에
산세 산봉 유순하고 산자락은 넉넉해도
다도해 탁 트인 조망봉 준엄히도 솟았다

주 등산로 상촌계곡 경춘사 수련원 길
열두 계단 암반 와폭 삼백미터 비단 빙판
빙판 아래 물소리는 산을 울려 퍼지르고
갯마을 다도해 섬 만물상을 수놓았다

수너대밭 옹달샘에 목을 적신 山나그네
살찐 언덕 얼음 녹아 못자리판 발 빠져도
맥을 따라 골을 따라 흐뭇한 산정무한에
산행길이 행복하니 힘들어도 신이 난다

음지마다 백설 모여 가는 겨울 눈물짓고
바위 녹은 너덜지대 고려시대 봉수대 터
파숫꾼 살던 동굴 석굴암에 불당 위에
솟아 오른 송신탑은 봄이 왔다 노래한다

마애불은 "구름 타고 달을 업고 하늘 날고"

노량포구 썰물밀물 충무 얼이 오가는데
사천만 광양만의 영호남이 만나는데
섬진강 천 굽이쳐도 남해보고 흐른다

〈2005. 2. 23 양산 산우회〉

황매산黃梅山 1,108m

소백산맥 동북 줄기 산청, 합천 군립공원
황매평원 수십만 평 철쭉공원 붉은 꽃밭
온 누리 찾을 수 없는 무릉도원 최고비경

잣나무 울울창창 푸른 기상 떡갈재에
얼음 얼어 부풀은 땅 질척질척 녹은 벼랑
황매산 십리 계곡엔 옥수 청청 쏟아진다

千百高 드높은 산 억새 능선 장대한데
지리산 가야산이 한 눈에 들어오고
기백산 황석산 준봉 조망도 좋을시고

상봉 두 암봉 절경승지 "돌표" 우뚝
중봉 가는 4개 연봉 울퉁불퉁 하늘 솟아
하봉의 북방 벼랑길 하산길이 버거워라

삼형제봉 매화꽃 물에 잠긴 수중매에
해월 못 대기 못이 옹달샘처럼 아련한데
그림 같은 합천호에 올망졸망 물에 뜬 산

십리 능선 억새군락 바구니 안 철쭉꽃밭

단적비 영화 주제공원 깊은 산속 원시마을
봄에는 철쭉 대제요 가을엔 들국화제

명산마다 내 님 같아 올라오라 손짓하니
등산길은 만남이요 하산길은 이별이라
그 얼굴 어서 보고파 만리라도 간다네

사량도蛇梁島 지리산 397.6m

아름다운 한려수도 물결 따라 떠 가는 섬
쪽빛 바다 수석처럼 기암괴석 울뚝불뚝
우람한 십리 산맥이 꼬리 물고 줄달음 쳐

돈지 암반 올라서면 구릉산지 지리산정
남해바다 다도해 섬 그림같은 풍광인데
청정해 모자이크한 홍합, 굴, 멍게, 양식장

탕금대 발자국 소리 지리산을 울리고
불모산 공룡능선 톱날 타고 상봉 올라
큰 절벽 줄 타고 올라 수직사다리 내리는 산

삼십 미터 줄을 타고 암반 기어 올라가면
천길 절벽 가마봉은 신부타던 가마바위
옥녀봉 불모산봉이 가마 메고 앞 뒤 섰네

절벽허리 난간 잡고 바위 안고 옆을 도니
옥녀봉 낙화암에 피빛 자국 선명한데
험한 산 가는 곳마다 등반코스 좋은 명산

환산경의 은빛 바다 주름잡는 작은 배들

한가로이 떠있는 도다리 잡는 낚시배들
그물을 잡아당기는 살치기 소리 구성지다

하도, 통포 밤하늘엔 별빛 총총 빛나는데
갯바위마다 낚시꾼들 대어 꿈에 부푸는 밤
양지항 청등 홍등은 윙크하는 밤이 좋아

〈2004. 8. 20〉

와룡산臥龍山 799m

청옥빛 한려수도 남녘 임해 수족공원
와룡산 우뚝 솟아 백룡 누운 형상으로
큰 공룡 톱날 능선이 삼십리를 펼쳤네

오매불망 상사봉에 기차바위 달려와선
탕건을 쓴 세섬바위 천길 절벽 병풍 둘러
와룡골 또아리치곤 삼천포구 펼쳤네

용머리의 암봉 장관 800고 정상에 서면
아름다운 해상공원 다도해가 그림같고
사방에 지리산, 명산들 산나라를 다 보네

큰 바위산 억년 풍우 세월 먹고 녹아내려
산자락은 너덜대(帶)로 백여 폭 주름치마
열두 폭 깊은 계곡엔 담수호도 하 많아

민둥민둥 민재(旻岾)봉은 최상봉의 어진 하늘
높은 산에 진달래꽃 산을 둘러 펴지고
양 날개 펼쳐 감싼 선 삼천포항 열었네

낙우, 해송 짙은 숲속 공든 돌탑 하 많은데

도암재 산새노래 찌빗찌빗 임을 찾고
백천사 대와불 보려 관광객차 구름같네

산이 있어 내가 있고 벗이 있어 산이 좋아
쇠난간 로프줄 잡고 험한 절벽 혼신 다해
험한 산 산봉에 서니 내 영혼이 날으네

〈2004. 3. 29〉

대운산大雲山 742m 가는 길

—봄을 맞는 대운산

태백산맥 꼬리치는 동남해의 해안산맥
우뚝 솟은 대운산은 자고 가는 구름호텔
장대한 불광산 능선 청해풍경 좋구요

청송수림 군립공원 아늑한 수변정원
시명산 3, 4봉이 울뚝 불뚝 줄을 선데
산 따라 꽃 따라 임 따라 가는 산행 좋구요

솔바람을 등에 지고 침묵 밟고 올라가면
원추리, 쑥, 냉이 방풍 향그러운 봄이 피는
산오름 건강 장수약 보약보다 좋구요

높은 산 부는 바람 솔잎 찔려 울부짖고
깊은 골 흐르는 물 제 몸 낮춰 흘러가도
초목은 봄을 잉태해 순산할 날 좋구요

쌓인 낙엽 봄비 맞곤 황토살에 몸을 삭혀
양지 동산 작은 꽃도 봄을 맞아 미소짓고
바위틈 평생을 심은 진달래꽃 좋네요

버들강아지 털옷 입고 꽃샘 추위 고비넘자

생강나무 샛노란 꽃 봄맞이를 나왔으니
쬐끄만 봄맞이꽃도 이름값을 하느니

최정상의 조리대밭 눈에 불 켠 오소리에
까마귀 떼로 날아 야단났다 소리칠 때
대운산 정상 폿돌 위 다람쥐도 좋니다.

영축산靈鷲山, 鷲棲山 1058.9m

임도길 구절양장 지름길로 올라가니
홍소나무 하늘 가린 조릿대 철쭉동산
오봉안 만물상 병풍 솟아 오른 보라매

영취산장 올라서니 인간이 발아래요
헛개나무 차 한 잔에 따뜻이 몸을 풀어
옹달샘 입을 씻으니 입 안 가득 향기로다

양산고을 동랑재에 신령독취 올라앉아
통도팔경 십칠 암자 깃털 속에 감추우고
웅장한 날개죽지를 펄럭이고 섰는가?

낙동정맥 휘달려서 날개 펼친 해동청이
역사 전설 묻은 가슴 영남 알프스 향도 서서
하늘에 비상하려는 듯 움츠리고 있는가?

단조산성 허물어져 돌조각만 흩어놓고
하늘 마루 억새 군락 바람 타는 황금물결
무한한 산정 풍경이 임과 같이 좋아라

가야산 1 伽倻山, 1430m

경상도를 가로지르는 하늘 지붕 가야산
백운동의 동성봉에 홍류동의 두리봉에
돌 불꽃 하늘 치솟아 우두(牛頭)봉이 되었다

산형은 천하 으뜸 지덕은 해동 제일
해인 삼매 인도하는 천하절경 신비비경
해인사 법보가람에 십오 암자 품었다

칠보단장 황홀경에 깊은 가을 머무르고
대밭골 명경지수 화엄경을 독송하는
토신골 낙엽 융단을 살포시도 밟는다

학사대 해인 십칠경 서성재의 기암지대
비바람에 사그라져 돌이끼만 무성해도
성지의 삼재불입처 대장경을 모셨던가

극락골 마애불상 흰구름 쓴 만물상에
농산정 잣나무숲 기암괴석 솟은 암봉
수많은 침봉들만을 동생처럼 거느렸다

시월의 마지막 날 가을 햇살 여인같이

한 세상 번뇌 잊고 이 강산을 내것 삼아
한평생 산을 벗 삼아 명산 찾아 여기 왔네

너 모습 그리다가 보고지고 찾아왔네
꽃 피고 새 우는 아름다운 너의 가슴
너 얼굴 달을 벗 삼아 그 또한 미웁던가

가야산 2

홍류동 청정수가 해인삼매 경을 외는
토신골 잣나무는 만고풍상 청청한데
극락골 마애불상은 부처의 향이로다

솔바람 푸른 소리 석조여래 쓰다듬는
극락골 붉은 솔은 천연생불 나한이요
천자만홍 산고수려에 손짓하며 오르는 산

한 송이 만개한 명산 중에 연꽃송이
모기 없는 산대숲에 별을 보고 누웠으니
한순간 번뇌를 잊고 환희심에 젖는다.

무릉교 고운 십삼경에 경승지도 하 많은데
백운동 기암괴석 만물상을 빚었는데
불국의 삼재불입처 대장경도 보존한 산

산형은 천하으뜸 지덕은 해동 제일
최정상 우비정은 칠년대한 청청한데
사악한 세상을 벗고 천상에 사노라네

불끈 솟은 상왕봉은 석화성 불꽃인데
수수 많은 첨봉들을 절묘하게 열세우고
천하에 제일인 듯이 웅장하게 솟았다.

재약산載藥山, 1104m
—수미봉(須彌峰)

아랫 세상 묵정밭을 명산 찾아 쟁기질하며
구천 토굴 충절 절골 재약산을 만나보려
내원암 비구니의 목탁소리에 오르는 산

참솔 숲에 황토밭길, 꿀밤나무숲 너덜계곡
벼랑바위 줄을 잡고 세발네발 올라서니
진불암 돌오두막이 매바위에 숨었도다

금강동천 기암, 숲은 무릉도원 그려내고
사자폭포 포효 굉음 지축을 흔들어도
필봉은 뭉게구름에 글을 쓰며 곧추섰다

옥류동천 눈 녹은 물 도감소에 모여가고
매바위 전설 감춘 장엄한 병풍 넘어
사자평 광평 추파는 삭풍에 파도친다

화랑들의 수련장은 억새천국 황성인데
고사리분교 개교 31년에 36명 배출하고
폐교된 교적비만 쓸쓸하게 남아 섰고
사자평 도요지에는 파편들만 흩어있다

지나가던 안개, 구름 자고 간 가지마다
첩첩얼은 상고대의 잎새 없는 백화꽃에
그리움 소복을 입고 바람맞아 흐느낀다

수미봉 고산준령 영남 알프스 굽어보니
재약 5봉 산맥들이 기운차게 달리는데
흥덕왕자 불치병을 약초, 샘물로 고친 명산
수미봉 치마폭 속에 표충사가 숨어있다.

간월산肝月山, 1083m

벚꽃터널 무릉도원 먹거리길 넘나들어
작천정 무릉암에 청정 옥수 목을 씻고
작괘천 간월사지 진달래꽃에 오르는 산

간월산 홍류폭포 비류직하 33m에
겨울엔 고드름이 주렁주렁 매달리고
언제나 무지개 피는 장엄한 수국 경지

높은 산 깊은 계곡 영봉 보고 오르는 길
흙살은 흘러가고 돌 뼈만 남은 산길
이리 비틀 저리 비틀 갈지(之) 자로 쓰고 간다

간월재 넘는 林道 구불구불 육갑 짓고
명산을 난도질해 갈기갈기 찢은 산하
배내골 아리랑 고개 꼬불꼬불 넘어 간다

왕봉재 고개마루 바람 넘는 북새 고개
바람받이 시달려서 난쟁이 된 억새 고개
山 주막 트럭 두 대가 주인 잃고 울고 섰다

중공제 인해전술 고비사막 황사바람
할멈바람 대작하니 산도 들도 희뿌연한데
샛노란 생강나무꽃 꽃에 취해 오르는 산

신불산 능동산을 양어깨에 동무하고
앞가슴에 홍류폭포 뒷등에는 파래소 폭포
나신의 여인인 듯이 반월금침 덮었도다

평퍼짐한 영을 넘어 공룡능선 올라보니
신성한 간월산봉 푯돌 두 개 머리이고
천지를 호령하듯 영남 알프스 황후로다

치마 끝에 백택 안산 자수정굴 보석반지
자궁에 미로같은 동굴나라 공룡천국
증조(소다)천 등억온천 번뇌망상 녹이로다

구만산九萬山, 785m

구만산이 어드뫼뇨 밀양, 청도 울타리 뫼
통장수 외길 가다가 떨어진 황천골에
임란 때 9만여 명이 피난했던 구만골

연자방아 돌아가는 산내 양촌 들머리에
구만동천 바위덩이 구만암자 절벽 아래
통수골 큰바위 대문 제일폭포 막아선다

암벽 등반 철계단에 바위벼랑 올라서니
계류, 산길 번갈아서 돌탑군의 너덜지대
생강꽃 진달래꽃이 울긋불긋 화사한 산

깊은 골 막다른 곳 수직 걸린 구만폭포
(42m)
절벽 병풍 둘러친 데 삼천궁녀 떨어지듯
한없이 옥색 연못에 뛰어드는 낙화로다

가파른 너덜 위에 낙락절벽 비좁은 길
아스라이 광대줄 타듯 외골수 길을 가니
수로부인 진달래꽃이 너무도 곱구나

청청 옥수 깔고 앉아 샅을 씻는 선녀바위
돌베개 베고 누워 엿보는 장군바위
옥녀탕 백담 옥수의 무궁무진 신선계곡

참솔나무 돌짝 능선 가슴 뛰는 처녀 길에
꼭지점 구만산봉이 명패 세워 우뚝 서서
억산을 앞에 세우고 운문산을 헤어본다

지리산 천왕봉智異山 天王峰 1915.4m

경남, 전남 다섯 군 걸친 몸 둘레 팔백여리
천오백 넘는 고봉 스무여 봉 거느리고
한반도 지기 뭉쳐서 천왕봉이 되었다

천왕상봉 반야봉에 백리능선 휘달려선
장군처럼 우뚝불뚝 하늘 높이 솟아올라
삼신산 반야 부인상 어머니 산 되었다

악전고투 눈보라에 천왕봉에 올라서니
다도해 한려수도 남태평양 수평선에
장엄한 천왕봉 일출경 개벽하듯 황홀해

이태조 창업야망 지혜 달라 지리산이
첩첩 산파 무수지맥 능선 펼친 산자락에
열두 동천 계곡 비경 산줄기를 파고들어
경호, 남강, 섬진강물 산을 안고 흐른다

고사목 푸른 원시림 기암괴석 연하선경
세석철쭉 피아골 단풍 화사하기 천하일품
안개구름 밀려 오면은 환상경에 빠지더라

천왕봉 등에 업고 하늘 아래 높은 사찰
울도 문도 없는 산문 고승대덕 득도하는
법계사 적멸보궁탑 천연 석천 수도처

최고운님 위인 문사 수수많이 숨어든 산
구중궁궐 단풍 아래 찬란한 법천 폭포
한민족 삶과 숨결이 구비마다 묻힌 산

장엄한 작은 우주 태고적 원시림에
철 따라 피는 꽃들 한 폭의 그림이요
산 그림 첩첩 감돌아 무아지경 그렸다

칼 맞아 갈라진 몸 피멍 들어 꽂힌 칼날
단석암 머리 이고 망을 보는 망바위에
개선문 활짝히 열어 천왕봉에 들란다

항일군님 뼈골들이 무덤 없이 묻힌 산야
빨치산 드라마에 백골들이 흩어지고
독립과 자유를 위해 피멍들은 붉은 산

의연한 장한 모습 만고상청 거룩한 산
한 번 오면 두고두고 그리워서 다시 오는
백번 와도 영산 그 비경 산정무한 끝없다.

제 9 부. 명산 순례
(경북 강원 전라 충청편 등)

청량산
금오산(경북)
주왕산
팔각산
비슬산
백암산
백운산(광양)
성제봉(형제봉)
강천산
덕유산
계룡산
설악산 대청봉
청옥산 두타산
치악산
백두산

청량산清凉山, 870m

청량산 육육봉은 속세 떠난 삼악 금강(三岳金剛)
억년 풍우 닮아 씻긴 절벽 병풍 두른 봉이
산위에 산이 포개져 장인(岳父)봉이 아니냐?

기목, 참나무 어우러진 태고 천연 삼림숲속
벼랑바위 나무계단 천길 절벽 낙락장송
이슬도 눈물이 되어 옷자락이 젖는가?

신선 살아 명산이요 용이 살아 명수라네
산군(山群)부리(峰) 울뚝불뚝 그림처럼 너무 좋아
신선, 학 선학봉 찾아 한가롭게 노닐었나?

영겁 풍상 뇌성벽력 조화옹이 빚어낸 걸
금탑봉 9층 절벽응진전이 차지하고
보살봉(자소봉) 휘파람새 불경하듯

김생 명필 붓끝 같은 닥필봉에 올라서니
산나라 화전 마을 곳곳이 벌렸는데
층층꽃 드높은 향기 어풍대에 풍기냐?

구름으로 산문 지은 청정도량 청량사는
육육봉 기암 산봉 절벽 병풍 둘러치고
연화봉 꽃술 자리에 옥당명지 안겼다.

원효대사 지은 고찰 삼각우총 서리 높아
퇴계선생 나의 산인 공민왕 은신처
화엄의 잎새마다 유리정토 숨었다

신라 명필 김생님도 이 산에서 서도 닦고
퇴계선생 리, 경, 성학(理敬誠) 성학십도 대성한 산
공민왕 친필 유리보전 불국토의 향기랴!

천리능선 낙동정맥 맥을 짚어 피고지는
낙동강도 턱걸이바위 굽이돌아 문안하고
청량한 산기(山氣)에 취해 신선처럼 가는 산객

금오산金烏山 976.6m

소백산맥 남쪽 가지 천고산세 금오산은
살아있는 거북처럼 꿈틀대며 하늘 솟아
현월봉(懸月峰) 기암절벽에 산전체가 바위산

약사암봉 천계문턱 일주문을 넘어가면
큰바위 셋을 짊어진 반석위의 약사선암
구름다리 천공에 매단 그림같은 범종각

구미, 김천, 칠곡 고을 생동하는 주산산맥
경부선의 대동맥은 산을 안고 올, 내리고
낙동강 푸른 젖줄은 산을 안고 구비친다

거룩한 태양 地氣 名山名鄕 大惠계곡
'人傑은 地靈이라' 영남선비 많이 낸 산
무학대사 '王氣 서린 산' 대통령을 탄생하니

십리 호반 분홍벚꽃 흐드러진 황홀경에
은혜골의 명승절경 고적, 서찰 공든 돌탑
채미정 고려충절의 야은 기린 숙종이시

황명필은 금호동학 그윽한 절경 읊고

27m 대혜폭포는 금오산을 노래하며
복사꽃 무릉도원을 옥같이 다듬었다

해운사 천길절벽 천연동굴 도선굴에
난공불락 천연요새 부처님이 좌정하고
불전에 촛불 서른개 살신성인 눈물진다

대혜문 들어 올라 굽이도는 가파른 길
할딱고개 전망암에 진달래꽃 이팔청춘
백운봉(925m) 마애보살상 통일신라 영화련가?

사명대사 금오산성 5리 돌성 허물어지고
인걸들의 남긴 자취 돌이끼에 남았는데
박새, 콩새, 산새소리는 지친 심신 청량젠가?

산정무한 애정꽃은 삶의 환희 활력소라
험한 산을 타게 되면 호연지기 피가 끓어
산 좋아 수도자처럼 무한경에 들어라

〈2004. 4. 13 경북 구미시 박통생가〉

주왕산周王山, 720.6m

태백산맥 한허리에 절벽 암봉 울뚝불뚝
나한 관음 촛대봉에 어깨 맞댄 칠성봉이
기암(旗岩)이 '山' 자로 솟은 '큰바위 얼굴' 좋은 산

학소대 시루봉 망월대 깎아지른 석벽들이
기암 괴봉 병풍 둘러 늘어서 십리 뻗어
주방천 하늘 에워싸 기묘하게 서있다

앞으로 금시 넘어질 듯 아찔한 급수대에
청학 백학 학마을의 하늘절벽 학소대에
왕거암 원시림 삼십리 길 미로같은 별바위 길

성현 고승 수도한 산 전설들을 밟고가면
주방천계곡 태고신비 옥계청수 흐르는 물
세밭 물 1,2,3 폭포계곡 타고 한 달음에 달린다

불공이가 삼나 항아리 방아 찧는 제1폭포
청룡 백룡 구룡소에 선녀탕의 제2폭포
거대한 2단 폭포에 비단 걸친 제3폭포

비로봉 깊은 골에 천연요새 주왕암굴
대전왕자 명복 비는 중심사찰 대전사에
주왕딸 백령공주님 성불 기린 백련암

절골계곡 왕버들은 한포기의 수채화요
맑은 하늘 물기둥 쏟는 달기폭포 약수 먹는
주방천 수달래꽃은 일편단심 피빛인듯

정상에 올라서면 기암절벽 압도하고
북향 영양 일월산(1,219m)은 장군처럼 솟았는데
남방향 영천 보현산(1124m)은 주변산을 지휘한다

달콤한 동동주에 의너리나물 안주삼아
달기약수 목을 씻고 주왕산의 산을 타면
어여쁜 9경에 취해 다시 찾는 청송 길

〈경팔 부산·서울 동문 부부 70명 상견〉

팔각산八角山, 632.7m

영덕 달산 옥산 오지 개밥낭골 암산 승경
옥계청류 층암절벽 기암 암봉 여덟 봉이
여덟 폭 산 병풍처럼 동양화를 그렸네

옥계계곡 침수정의 숨은 비경 발붙이고
나무다리 쇠계단에 바위 틈새 촛대바위
암릉길 밧줄을 잡고 제1봉(504m)에 올랐네

3봉 절벽 버지기 굴은 호랑이가 살았던가
한 봉우리 올라서면 또 한 봉이 마주 서고
산바람 꽃샘바람이 살을 에고 날으네

천애의 낭떠러지 세발 네발 기어오르니
3, 4봉 안부 암릉 바위 이끼 큰 마을에
천고의 고분 셋이 옷을 벗고 누웠네

절벽 산봉 매달아 놓은 무릎 꿇은 천년 노송
바람 먹고 구름 먹고 아름다운 분재같은
세6봉 오씩한 신봉 산중 경개 기막혀

가도가도 암산 능선 칼날 같은 공룡능선

대부분이 밧줄 타는 땡초보다 매운 악산
팔각산 민둥봉 서니 성취감이 더 좋네

암반 계곡 독립문 바위 호박소, 담 청정계류
옥같이 흐르는 계곡 26번을 건너보는
벽계수 산정무한에 마음 씻고 오는 산

〈2005. 4. 6〉

비슬산琵瑟山, 1083.6m
—진달래꽃 천상공원 종주

어릴 적에 책보 메고 보릿고개 먹던 꽃이
봄이면 생각나서 꽃님 보러 찾는 발길
산 사랑 꽃 사랑 맺은 그 추억을 찾아서

유가사 수성골의 너덜지대 십리 골에
홍수 난 황폐 계곡 수난당한 거목 등걸
세월은 아픔을 씻고 구천으로 가는데

낙동정맥 남하하다 달구벌에 솟아올라
우람한 기암봉은 신선이 비파 타는 듯
대견봉 천 백고 준령 조화봉에 뻗었다

경상 남, 북 가른 능선 산맥따라 메아리쳐
절벽 넘어 낙동강은 굽이굽이 흘러가고
팔공산 가야산 봉이 발돋움해 넘보듯

낙동강 강바람이 봄을 실어 날라와서
선지피를 도해내는 황진이 입술처럼
비슬산 산마루 고원 요원처럼 꽃불 탄다

비파줄 십리 능선 광활한 참꽃 군락지

황홀한 진달래꽃 천상공원 낙원인 듯
진분홍 진달래꽃이 자지러질 듯 피었다

환상적인 낙원인지 진달래꽃 박람회장인지
연분홍꽃 꽃다발에 진분홍꽃 꽃마을에
꽃마다 또 다른 기쁨 파노라마 대장관

대견사지 3층 석탑 기암괴석 널브러진
비슬산성 곽재우장군 민족혼 서린 산에
톱날봉 창, 칼을 꽂은 고슴도치 같아라

조화봉 8각정, 전망대엔 장꾼같은 탐승객들
환상적인 천상낙원 산에 취해 꽃에 취해
아무리 꽃이 좋은들 자고 갈 수 없는 걸

〈2005. 4. 29 벗과 함께〉

백암산白巖山, 741m

차령산맥 호남정맥 내장산 국립공원
산도 붉고 물도 붉고 인파마저 붉은 단풍
백암산 눈꽃설경은 호남 4경 최고 경승

추령산촌 장승축제 천태만상 수호신상
곡두재 넘돌아서 백양사를 찾아가니
절 입구 단풍터널에 순창고을 단풍축제

백양사 극락보전 문화재도 즐비한 절
조계종 고불총림 대각국사 승보사찰
감탑의 축제한마당 산사가 저자로다

대가람 병풍 두른 우람도한 학바위봉
약사암을 품에 안고 하늘나라 군림하듯
백학이 날개 펴듯이 준수하게 솟았다

후미진 살찐 계곡 상록터널 쌓인 낙엽
아름드리 비자나무 울울창창 향기 길을
비자열매 수렁주렁 시월을 노래한다

학봉굴에 담숙 안긴 약사암은 적막한데

영천굴 약사여래 손을 들어 미소짓고
약수샘 솟는 석간수 천하명수 으뜸이라

가파른 암반틈새 코 닿을 듯 험한 길을
한사코 기어올라선 상왕봉에 올라서니
백암산 천하절경에 선혈단풍 꽃핀 청산

백운산白雲山, 1218m
—전남 광양

소백산맥 끝머리에 호남명산 백운산은
백두정기 남해 어려 해조음이 들리는 곳
신선대 50리 능선 광양고을 펼쳤다

정산에 백운폿돌 바위틈에 숨겨 이고
도솔봉 앞에 세워 억불봉을 꼬리달고
매봉을 산 주름잡아 굽이치며 달린다

5대 고봉 능선 위에 산마루 우뚝 서서
흰구름 머리 쓰고 또아리 산세 뻗어
섬진강 푸른 삼백리 감아돌아 흐른다

지리산 백리능선 병풍처럼 둘러치고
다도해 수평선에 은빛물결 아롱지는
동호남 광양, 여수를 오지랖에 감쌌다

백운암골 이십리의 원시림 절경아래
병암계곡 폭포수에 세상시름 잊어 쉬고
학사대 자연 석굴에 문장, 기인 글 쓰는 곳

구백문곡 큰너덜골 퇴락한 백운사에

정치승의 불경소리 끊어진지 오래이고
나라 돈 쏟아 부어 좋은 산만 결단냈다

고로쇠 나무마다 수액받는 비닐줄이
거미줄 수도관처럼 백운사로 흘러가고
피 빨린 고로쇠나무 김대중이 가련쿠나

산기슭 장군바위 기세 당당 우뚝 섰고
용소의 맑은 물은 백룡이 잠자는 듯
영산만 호남정기를 홀로 뭉쳐 뽐냈구나

성제봉聖帝峰, 1115.2m

지리산 세석평전 치마 펼친 능선 끝에
성제봉 9형제봉 암릉 암봉 전망대 밑
평사리 최참판댁 '토지마을' 악양벌

노천천 청학약수 떨어진다 아우성이요
청학산골 바람소리 올라간다 고함치니
지리산 뻐꾸기들은 길든 설움 토해낸다

울창한 조릿대숲 앞길 막아 발길 묶고
길도 없는 가파른데 가도가도 끝이 없어
하산할 수 없어 꼬리 따라 오르는 행렬

소상낙원 고소산성 숱한 전설 묻힌 터에
통천문 신선바위 한세상을 내다보며
높은 산 두 봉을 묶은 그네 줄다리 뛰어 본다

영호남을 갈라놓은 섬진강을 내려 보는
봉화대에 718봉 전망대의 멋진 조망
기암 군 벼랑을 타고 내리쏟는 하산 길

〈2005. 6. 8 고향산악회〉

강천산剛泉山, 584m

전라남북 분수령의 순창고을 군립공원
아담한 산 울창한 숲 기암괴석 솟은 괴봉
십리계곡 절경연속의 칠보단장 채색한 산

삼십리 명경지수 갈수록에 붉은 단풍
깊은 가을 천선옥수 쏟아 부어 새긴 연못
간밤에 씻긴 단풍은 비단보다 더욱 곱다

하늘 덮은 낙엽송길 극락교를 넘어가니
천년고찰 강천사는 도선국사 불심이요
삼인대 반정공신들 직인걸고 충성한 곳

강천문 육각정은 은자처럼 고고한데
구비치는 깊은 골에 폭포담소 쏟아지고
반공에 구름다리는 호남 제일 현수교

강천계곡 현수교에 그네 뛰는 순창아씨
신선봉(425m) 전망대에 '야호' 하는 임을 불러
그네 뛰는 출렁다리를 카메라에 담으란다

〈경팔회〉

덕유산德裕山, 1614m
—향적봉(香積峰)

덕과 너그러움이 그리매로 아롱진 산
천봉만학 산봉 능선 뭉긋뭉긋 솟아 뻗고
삼각파도 용트림해선 향적봉이 되었다

성맹수 영봉 적정산성 굵고 힘찬 남덕유산
오십리 고산능선 영, 호남을 주름잡아
산마루 삼층팔각정 호령하듯 솟았다

광대무비 산의 나라 영산정기 산맥 엮어
육십령의 구절양장 서리꽃 핀 상고대에
우람한 소백산맥 지붕 첩첩조망 제일 명산

살아 천년 죽어 천년 향적 주목 군락지엔
서리찬 설한풍에 오상고절 푸른 자태
늘푸른 바늘 잎새에 고산혼의 임자로다

북향산 살찐 허리 절개 높은 잣나무들
두문산 콘도라 쉰 여 형제 그네 뛰고
향석봉 나그네 쌓은 삼형제의 공든 돌탑

구천명 성불공자 구천동굴 구비마다

칠십리 사십삼경 십삼경대 열개 소엔
비경의 수, 풍경소리 경을 읽듯 번뇌씻네

생육신 매월당님 숨어든 골 안심대엔
피를 토한 붉은 단풍 불사이군 노래하고
비파담 쏟는 물줄기 칠선녀도 노니는 골

백련사 천년 고찰 만년 숲의 전나무골
깊은 가을 머문 계곡 오색단풍 색동가람
식수도 불은이라고 입술만을 적시란다

금, 황강 남강 발원지 억년 젓줄 샘솟는 산
남대천 반딧불이 별이 뭉쳐 다니는 듯
남사고 피난 십승지 임진난도 무사한 골

다박송 반송군락 상록우산 펼쳐들고
분비나무 서리바람 피리소리 선율 좋아
옷 벗은 신갈나무도 벗과 같이 자라는 산

계룡산鷄龍山, 845m

—金鷄抱卵形에 飛龍昇天形의 名山

차령산맥 호서평야 금정남맥 돌출한 산
'금닭이 벼슬 쓰고 하늘 솟는 용의 형상'
기암봉이 즐비하게 능선 지어 울끈불끈
ㄷ자 능선 마주보며 종횡무진 내달은 산

최고봉 천황봉에, 풍수 중심 삼불봉(775m)에
산행중심 관음봉(816m)에, V자형의 쌀개봉(827m)
동학사 계곡, 갑사계곡, 신원사골, 금계골에
열다섯봉 일곱골에 천하명산 국립공원

영봉들이 물결처럼 동서병풍 둘러치고
수려한 산세 울창한 숲 폭포담소 기암절벽
자연 성릉 울퉁불퉁 반공 솟은 천길 절벽
칼날의 암릉 능선길 장장 십리 내달렸네

쇠계단 난간잡고 고공공포증 오르내려
한 봉우리 넘어서면 또 다른 봉 마주서고
준수 산세 암봉 미에 유별 날라 기막힌네
지상 천하 청산 승경 바로 여기 바로저기
신라 오악, 홍살문에, 동학사의 십리계곡

아름드리 느티나무 상수리 목 무성한 숲
관음암 길 청정계곡 향아교를 건듯 넘어
은선폭포 비류직하 목말라서 쉬어있나

관음봉 너덜지대 코닿을 듯 가파른데
V자형 쌀개봉이 손짓하며 오라해도
영마루 이정표에 칼바람이 앞을 막고
정상 정자 명산 그림 가는 발길 사로잡네

천황봉, 삼불봉에 연천봉의 세 갈래 산맥
자연성릉 능선 마루 깎아지른 암릉길에
오르내림 아기자기 절경 보는 산행묘미
내 여기 계룡산에 작은돌이 되고 싶네

세 부처 삼불봉에 숱한 신앙 품어 안고
사계를 조망하니 이 산 정기 백미인데
계룡팔경 승지마다 설화전설 숨 쉬는데
가는 겨울 서리쳐도 남녀 산꾼 많은지고

삼불봉 밑 남매탑은 사랑이 애닯은 탑
아름다운 여인과 산속에서 지내자니
사랑을 따르자니 부처님이 노하시고
부처님을 따르자니 사랑이 울었다네

〈2005. 3. 9 양우 6명과 산행〉

설악산 대청봉大青峰, 1708

청록 잎새 출렁이는 소청산장 벼랑돌길
바람과 전쟁하다 난쟁이 된 수목 틈새
연보라 구절초따라 허위허위 올라 가네

풍운에 절인세월 이끼 묶은 바위 녹인
소청 정상 황토돌밭 이정표의 손짓따라
등산객 시골장 가듯 다문다문 줄을 섰네

인간계 비켜섰는 능선 날등 사면 길섶
칼바람에 손발 잘린 조막손 주목나무
납작이 땅에 엎드린 청상 불멸 눈잣나무

대청봉 올라보니 우뚝 솟은 보살상이
하늘에 맞닿아서 석양을 등에 업고
나붓이 일월성신께 기도하고 있느니

성스러운 청봉 정점 무수히도 뻗은 산악
천산 만골 명산 절경 펼친 내외 남설악에
이백리 미인 치마쏙 기승설경 한이 없네

청옥산青玉山, 1404m
—두타산(頭陀山, 1353m)

무릉계곡 십리골에 신선처럼 눈을 씻고
만폭동을 옆에 끼고 이슬, 옥수 귀를 씻어
번뇌, 탐욕 다 버리는 걸식수행(頭陀) 고행의 길

묵중히 홀로서서 세월 지키는 잣나무들
안개도 서렸다가 이슬 녹은 큰 바위에
아우내골 지천이 굽이굽이 휘어돈다

'미치겠다' 하는 하소 하산 여인 허벅지에
이 벼랑이 다 왔는가 저 언덕이 상봉인가
가도 가도 끝이 없는 설산길은 고난의 길

백두대간 휘달리다 우뚝 솟은 살찐 고봉
동해안 급경사지 등반고도 1200m
험준하기 그지없는 백척간두 지릉지대

백설 쌓인 피마늘골 벼랑길이 어려워라
네 발로 기어올라 사생결단 치오르니
박달재 울고 넘는데 호랑인들 눈물 날걸

머루 다래 넝쿨길에 이승 저승 미로길에
문바위 넘나들어 청옥 상봉 올라서니
희열의 백설광장에 이정표에 해가지네

태백산맥 임자봉에 하늘 솟은 청옥산은
고적대(1354m) 두타산봉 좌, 우에 거느린
봉황새 날개를 펼친 동해, 삼척 진산이네

치악산稚岳山 1,288m
—본명 적악산(赤岳山)

치악산맥 하늘병풍 천삼백고 비로봉에
천봉만봉 첩첩산릉 굽은 활의 태산준령
원주의 진산이 되어 남북장벽 펼쳤다

비로봉서 남대봉에 사십리 주능선 용마루에
내려 뻗은 써까래처럼 지능선 백여개로
치악산 아흔아홉골 부채살처럼 펼쳤다

일망무제 조망자랑 최정상 비로봉에
용창중님 신의 계시로 전국 돌을 날라다가
거대한 미륵불탑(3)을 지극정성 쌓았다

영서대찰 구룡사의 궁중목재 밀림 속에
구룡계곡 맑은 물은 반석마다 부딪혀서
새파란 멍이 든 채로 광인처럼 떨어진다

3개 사다리 18난간 로프 잡는 십리벼랑
치를 떨며 악에 받혀 오르는 사다리 병창
홍단풍 선혈 같아도 치악산이 되었던가

깎아지른 절벽들이 푸른 송림 머리 이고

하늘에서 빠끔히 내려보고 서있는데
수천길 세렴폭포 물 한사코 떨어진다

선비 은혜 입은 꿩이 머리 받아 종을 울려
뱀에 감긴 선비 살려 보은 설화 전설의 산
상원사 계수나무는 삼백년을 푸르다

일천 미터 고봉 여섯 연결되는 장엄한 파노라마
상고대 눈꽃 터널 백설장관 겨울산에
만산설 설국풍경에 등산인도 많도다

백두산白頭山, 2,749m

꿈에서나 그려보는 민족영산 만나보려
넓고 거친 중국 땅을 돌고 도는 긴 여정에
비로소 만날 수 있는 금수강산 종조산

장백산문 찾아올라 사스레나무 수해지나
광활한 숲의 바다 비하산림 일망무제
드넓은 대륙 산악군 일천리 거대 성산

지주산 활엽, 침엽림 울울창창 우거지고
흑풍구의 고래등에 양귀비꽃 청초한데
하위봉 고산동원대 하늘용담 꽃동산

철벽봉 올라가니 돌바위의 사구지대
바람 잘 날 없는 성산 비, 구름만 오락가락
천문봉 절정에 올라 성자의 얼굴 본다

불끈불끈 솟은산봉, 죽쭉뻗어 달리는 산맥
천봉만학 얼기설기 장백산세 험준한데
장엄한 백두연봉의 추앙받는 천불상

억만년에 솟은 위엄 동아시아 거머쥐고

흰구름 띠 허리 둘러 백암머리 하늘 솟아
태고의 신비경 감춘 용왕담(천지)을 안았다

〈2004. 8. 28 천문봉 등정, 문명여행사 A팀〉

제 10 부. 중국기행

중국
만리장성
자옥란호 여행
항저우 시후
진시황릉1
진시황릉2
상하이 야경
리강의 유람
구이린
봉황고성
장가계와 원가계
황산(UNESCO 세계자연유산)

중국中國

—알 수 없는 민족

山水 절경 보려하면 계림 가서 돌아보고
중화역사 알려하면 서안 가서 살펴 듣고
역대왕조 보고 싶으면 북경 가서 걸어라

나라 땅이 너무 넓어 평생가도 다 못가고
한문 글자 너무 많아 평생해도 다 못 배워
먹거리 너무도 많아 평생에 다 못 먹어본다

박쥐똥에 모기눈알 제비집을 요리하고
중국인이 못 잡아먹는 것은 날아가는 비행기요
네 발 달린 것 중에 책걸상 다리뿐이라

겉 보고 속 모르는 민족, 돈 많은 거지들
헐벗고 굶주려도 돈은 항상 숨겨 놓고
남의 눈치 보지않고 상관하지 않는 민족

모든 땅은 국유지라 개인 땅은 한 평 없어
지평선 넓은 땅에 죽어도 묻힐 곳 없어
유골을 다락방에 모셔 영혼들과 사는 민족

태산 엮은 만리장성 천년을 쌓아가며
산 허물어 강을 뚫어 운하 내어 바다가고
땅 파서 호수 만들며 만수산을 쌓는 민족

나라정치 어떻든지 백성들은 관심 없고
사람홍수 차량홍수 순경 없이 소통 잘되
양보는 조금도 없이 실리 찾아 만리 간다

군인은 지원병제 그 가문의 영광이요
1만원에 99만원 채워 돈 모우는 구두쇠들
만년 역사 14억 중 무덤은 오직 하나

중국인의 소원은 잘 먹고 즐기는 것
동양의 베니스인 소주 땅에 태어나서
아름다운 서호호반 항주 가서 살아보고
중국 제일 광둥요리 광주 가서 실컷 먹고
바다의 산호 용궁 유주 살다 죽고파라

기름진 넓은 땅에 선택된 자 사는 나라
빛나던 중화역사 군사대국 경제대국
잠 깨어 치욕을 딛고 일어선 중화인들

언제나 어디서나 뱃장 실리 계산하며
하늘이 무너져도 서두르지 않는 만만디들
중국은 알 수가 없는 수수께끼 백과사전

만리장성萬里長城

중국은 '방어'를 위해 5천Km의 만리장성 쌓았지만
로마는 '개방' 위해 15만Km 도로 개설
영국은 정복을 위해 오대양에 군함을 띄워

중국본토 역대왕조 북적 막는 군사시설
20개 왕조 걸쳐 2000년간 쌓은 장성
압록강서 옥문간까지 6000Km 북방 성벽

진시황의 통일 장성 한무제의 수축장성
태산준령 산맥 잇는 영마루의 험요 요새
끝없이 구불구불 뻗어나간 산맥능선

우뚝 솟은 낡은 담벽 봉화대로 호응하는
곤륜곽 병관 돈대 전대의 봉화 수문
산상봉 청사파편의 만리변성 금성철벽

울긋불긋 산유화에 실타래로 얽힌 장성
황애관의 구름바다 날아오른 공룡이요
푸르령 백룡이 나는 은빛룡이 춤추는 듯

청산에 서린 청룡 팔달령에 구비쳐도
이천년 연세에도 기세 우람 웅위로운
중화의 자랑이자 전인류의 문화재보

걸출한 중화민족 위대한 근면슬기
수천만 피자국의 해골 위에 쌓은 장성
세월에 한을 쌓은 피눈물의 울타리 성

세계적인 고대건축 기적같은 불가사의
'달에서 볼 수 있는 것 만리장성 뿐'
'장성에 오르지 못하면 대장부가 아니란다'

국민의 마음 안에 국방성을 쌓아야지
영세불망 나라 있어 외적을 막았더냐
옛님은 가고 없어도 성곽만 남았고야

한 사람의 절대권력 만 사람을 묻은 묘지
기마침략 막았더냐 북변 근심 덜었더냐
만백성 원성만 쌓아 나라만 망하였지

금산령 구비친 봉 첩첩산은 예대론데
이끼 낀 벽돌 삭아 세월에 쓰러지고
까마귀 우는 산골에 방초만 무성하다

자옥란호紫玉蘭號 여행
—상하이크루즈

목포, 상해 황토바다 물길 이천리
자옥란 호 닻을 올려 뱃고동이 떠난다니
유달산 산울림은 잘 가라고 화답하여
지는 해 띄어 잡을 듯 해거름에 달려간다

신안바다 섬을 세며 요리 조리 굽이돌아
북두칠성 자루 끝에 달이 걸린 밤바다를
넘실넘실 춤추면서 갈매기는 달고 가고
게거품에 달리는 듯 물보라는 두고 간다

만 오천 톤 화객선은 흙탕물에 빠져들어
레이다는 돌아가도 장애물을 투시하며
만 육천 마력 거대엔진 우레치듯 울리면서
20노트 속력으로 고래처럼 굽이친다

세찬 바람 휘몰아친 파도성을 헤치면서
성낸듯이 저항하며 부글부글 끓는 물결
흙탕 파고 넘치는 듯 소용돌이치는 바다
내낮처럼 불을 켜고 유싱처럼 휘달린다

여행 기분 들뜬 손님 캬바레에 춤을 추고

주점 식당 한잔 술에 바다 풍경 빠져 들고
어디서나 고스톱 판에 노름꾼은 밤이 좋아
백여 개 객실마다 불야성의 호텔이라

태평양 수평선의 황홀한 해맞이에
중국 연안 퇴락된 배들 고기잡이 진을 치고
장강 하구 들어가니 온갖 배들 백화점 같은
온 세계 무역선들 꼬리 물고 드나든다

양자강 만 오천 리 산이 없는 평원 위에
넓은 강변 빼곡히도 공장 굴뚝 연기 솟고
장강 양안 삼백리가 상하이 부두인 걸
해양관광 진풍경을 옥란호로 만끽한다

항저우 시후杭州西湖

옥황, 영봉 보석산의 삼면에 싸인 호수
호빈공원 남산호반 항주고을 품어 안은
복사꽃 백화만발한 아름다운 천연호수

호수 속에 푸른 섬에 섬 속에도 푸른 호수
호반에 뜨는 달은 석탑에선 달도 세 개
봄안개 버들에 걸려 복사꽃잎 물에 떴다.

보석산 보숙탑에 산수절경 수놓은데
서호 유람 뱃놀이를 석양빛이 물들이고
뇌봉탑 황홀한 풍경 낭만의 서호여라

백거이 쌓은 제방(백제) 수양버들 꾀꼬리요
소동파 쌓은 제방(소제) 목단연못 잉어인데
보름달 드는 달밤에 연꽃향기 감돈다.

노 젓는 거룻배는 물새인 듯 떠다니고
기와집 전동배는 경주하듯 달리는데
물새는 쌍쌍이 날아 호반 하늘 수놓는다.

건륭제 중산공원 유람객 끓는 호반

꾸냥의 전동차에 술과 안주 가득 실어
시선이 노닐던 호반 허명이 아니로다

푸르 맑은 고운 물에 진주조개 속삭일 때
전당강물 찾아와서 경황대를 돌아보고
달포를 쉬었다 가며 물갈이로 가신다.

진시황릉秦始皇陵 · 1

산수풍광 아름다운 지세 좋은 여산 명지
음지엔 금이 많고 양지에 옥이 많아
진시황 미명을 탐해 자기 능묘 택한 묘지

인간세상 부귀영화 불로장생 만수무강
영원히 누리려다 불사약을 구하지 못해
칠십만 죄수 사역해 38년간 쌓은 무덤

능묘 둘레 십오리의 금자탑의 능묘 현상
능 높이 15m 흙, 돌로 쌓은 인공태산
무덤에 초목을 심어 산처럼 위장한 묘

지하 3층 구리관에 현실별궁 진귀보물
천장에 일월성신 바닥에 구주오악
수은바다 불화살 자동발사로 도굴방지

지상에 내, 외 성벽 성루 성문 1만 2천m2
지상 황궁 축소판 같은 아방궁의 지하궁전
황제가 누리던 그대로 지하에서 재현한 것

진시황제 지하대군단 기세 능능 지키어노
초나라 지른 불에 재도 없이 사라지고
그렇게 빨리 망할 줄 그 누가 알았으랴?

진시황릉 · 2

비, 바람 막는 무덤 복사나무 우거졌네
언젠가 파헤쳐질 썩어가는 한줌의 흙
아무리 몸부림쳐도 흙밥 되어 삮는 해골

피의 채찍 철쇄 노역 태산같이 흙을 쌓아
한 제황 무덤을 위해 70만 명 생매장한
만고 죄악 감추려고 이리 크게 지었던가

광활한 대륙 지평 만년 역사 피고 진데
억만 무덤 유골 파서 거름 삼은 중공 땅에
어이타 이 무덤 하나 구경하라 두었던가

별 총총 하늘 아래 무덤 파고 누운 시신
수백만 명 원혼들에 갈기갈기 찢겼는가
살육을 멈추우고 평화롭게 누웠는가

온 세계 인간들이 세세년년 대를 이어
오줌 싸고 똥을 싸고 침을 뱉고 밟히우고
이 봉변 보복 당하려 이렇게 누웠던가

시퍼런 절대권력 좀벌레에 내어주고
천년만년 살고 싶은 만고 꿈을 고이 접어
걸출한 영웅호걸 흙밥 되어 가는 것을

상하이上海 야경

양자강 1만 5천리 춘추전국 중화역사
산수화 풍경들이 펼쳐지는 창강 하구
울뚝불뚝 수만 빌딩 숲을 이룬 상하이항
황포강 오가는 배들 세계선박 백화점에
남포대교 20리를 그네줄에 걸어놓은
병화의 사람 물결 활기 넘친 국제항

대영제국 아편전쟁 상징적인 조계지구
대륙관문 최대관광 와이탄 황포공원
아침에는 태극권 기공운동 산책객에
오후엔 등산가가 주인되는 외인지대
저녁엔 환상적인 칠보조명 황홀경에
하루에 시간을 따라 달라지는 분위기

동방명주 전신탑은 동양최고 솟은 하늘
350m 전망대에 온 시내를 한 눈에 넣고
유리조각상 5성 써치라이트 회전하는
휘황찬란 네온싸인 5색 불빛 밤을 밝힌
100년 역사 풍미한 와이탄 거리 24시
언제봐도 빠져들 것만 같은 보고 싶은 이
거리

금무대하 마천루는 빌딩 숲을 거느리고
남경로 호화거리 서커스 관광 밤을 태워
진풍경 아름다운 황홀경의 상해 야경
호수같은 강물에 떠 그림인양 반짝이니
별빛도 숨죽이고 달빛도 빛을 잃은
200년 만에 어머니 찾은 찬란한 상하이 밤

리강離江의 유람

황하강은 어머니요 리강은 딸강이라
청록 옥띠 오불꼬불 만첩산경 수를 놓은
시공을 넘나드는 선경의 강물을 타는
구이린 관광하이라이트 리강의 유람이라

주장서 양수오간 150리 굽이굽이
한 폭의 산수풍경 별다른 청산록초
리강은 청룡이요, 청산은 옥비녀라
행복이 눈에 넘치는 신선이 되는 시간

강물이 산을 안은 화산필가 용두절경
쌍봉이 강을 품은 부부전설 망부석에
마소가 전답 가는 구우령은 지나가고
첨탑봉 강물에 떠서 덩실덩실 다가온다

흰오리떼 노는 여울, 물소떼는 멱을 감고
가마우지 통대배에 그물 치는 양티 어부
황혼녘 금빛 햇살에 순풍 타는 황포돛배
맑은 강 호반 누비는 주유천하 관광선들

구이린桂林

몽실몽실 불쑥불쑥 산수화로 그린 기봉(奇峰)
천첩 옥수 산봉 퍼레이드 기이한 산수 풍경
천하에 빼어난 별천지 그림같은 기산수수(奇山秀水)

아장아장 솟은 산봉 도토리 키 재기로
천산만해 흰 구름이 외돌아 감아 도는
계림산은 신선이요 계림 물은 몽환(夢幻)이라

리(離)강의 청자 호반 허리띠로 두른 거리
산천은 푸르르고 강물은 빼어난데
호반에 울뚝불뚝히 기봉진을 펼친 시가

세계굴지 자연세계 천태만상 산수왕국
2000년 중화역사 풍유문화 명승지에
기이한 동굴나라에 황홀한 용암괴석

첩재산 리강 호반 명월봉에 올라보니
연인들 '이별 없이 사랑하자' 고 누각 난간 쇠사슬에
사랑의 자물쇠통 수수만개 잠가놓고

열쇠는 강물에 던지고 어느 하늘 사시는지

독수봉은 홀로서서 왕관 삼아 궁전이고
복파산 환주동에 300여 천불 불상
칠성암 일품공원에 기와요초 종유석들

상비산은 코끼리 코로 리강의 물 마시고
월량산봉 둥근 달 모양 뻥 뚫린 조화봉에
무궁한 자연세계 빠져드는 구이린

봉황고성 鳳凰古城

중국 호남성 묘족 투쟈족의 봉황고성은
도시와 타강을 감싸고 있는 산 지형이
나래 편 봉황 형상이라 明 대부터 이름 한
정자관서 길수 희작영까지 382Km
남방장성 풍경 명승지 '묘족 변경의 만리장성' 인가?

명인을 낳은 땅은 그로하여 전해지니
문학거장 심종문, 서예화가 황영옥
정치가 웅희령을 낳은 유서 깊은 인물 고장
이들은 주옥같은 글로 오매불망 고향을 노래하니

중국 제일 아름다운 소 도시 고대 문화의 진주
풍경 수려 유구고도 고대 성루 명승 고적
밀집한 봉황머리 지붕의 전통가옥 석판가
수제 은제품에, 향긋한 생강엿 가게 줄을 서고
환상적인 전통에 고풍 넘친 풍정이 넘친다

타강 양변에 늘어선 3층 기와집 풍광

유유히 흐르는 맑은 물에 일엽편주 몸을 싣고
물결 따라 떠내려가면 삿대로 쪽배 젓고
강바닥에 보이는 너울너울 춤추는 수초들

대광주리 등에 맨 행인, 징검다리 건너가고
황혼이 타는 강변 빨래질에 바쁜 여인
강물에 손을 담그면 손을 잡는 수초들
시, 공간을 뛰어넘어 시름없는 극락세계
이렇게 세월은 소리없이 흘러간다

거대한 도족루, 아름다운 만명탑 강변에
화가들 수채화 그리고, 시인이 시 읊는데
은관모 붉은 의상 묘족 처녀의 노래와 춤에
흐르는 강물 거룻배 타고 여수에 젖는다.

기량동굴

기량동 전형적 탄산염 암석 동굴
굴 안에 굴이 있고 굴과 굴이 이어졌어
기암괴석 샘물 폭포 천태만상 석순 석주
아름다운 종유석 그림같은 자연 신비
여기서 흐르는 물은 타강으로 합류된다니

장가계와 원가계張家界, 袁家界

장가계

아무리 천지 신공의 조화라도
'어찌 이럴 수가 있느냐'

마천루같은 천층만층 돌 봉우리 돌기둥 3천 대봉산
여기 울뚝 저기 불뚝 송곳 침봉 황금 칼 봉
신선 탑 선녀봉에 어필봉에 대장군봉
꿋꿋한 천상기세 신비한 기 봉 칠봉 48형제봉

톱으로 잘라내고, 도끼로 찍고, 다듬어서
천신 솜씨 초자연적 절세 경치 창조한
3천 대봉림 산은 숲의 대장관을 이루어

황금색 산봉 삼림 천갈래 계곡 맑은 계류
천군만마 줄을 서서 사열식 하는 듯이
한 폭의 길고 긴 10리 산수 화랑이라

무릉원 최고봉은 1334m, 풍경구 264평방km
3풍경구로 장가계 산림공원, 츠리현 삭계곡,

쌍즈현 천자산은
서로 인접해 산책로로 연결된 대자연의 산림공원 '세계문화유산'

한나라 공신 장량의 은둔처로 장씨 가문
사람이 태어나서 꼭 한번은 가봐야하는 '실존하는 무릉도원'

보봉호寶峰湖

푸른 산중 협곡속의 진주같은 비치호수
유연한 마음 담은 뿌듯한 청산벽수
팔방으로 기암 괴봉 둘러선 무릉원 수경공원
토가족 처녀 총각 포구배에 노래하는
선경의 하늘나라 비치빛 호수
유람섬 타고 합창하며 신선처럼 노니는 곳

금편金鞭岩계곡

천상옥수 소근대는 비파계와 삭계
뱀처럼 꼬불꼬불 깊고 고요한 협곡 20km
길 양 옆 울뚝불뚝 천여 개 암봉 솟아
협곡 봉린 물 따라 산이 돌고, 산 따라 물이 살아
한 걸음에 한 폭 그림, 시와 같고 그림같아

진기한 풀꽃 나무 산수화의 원본이라

천상폭포

하늘나라 선녀 쏟는 수십필 백비단이
열두 단을 연달아서 푸른 죽림 속을 들어
길길이 내리 뛰어 장량 능을 돌아보는
눈 녹는 물 천산비경 선녀담에 모아든다

천자산天子山, 1250m

신비한 전설들로 가득한 어필봉에
기세 웅장한 기봉들이 대나무밭 죽순처럼 산지사방 늘어서서
입 벌리고 숨이 막힐 듯한 웅장미의 마천루들 하늘을 받들고
천만갈래 깊은 계곡 운무가 오락가락
5경구로 황룡천, 봉서산, 노옥장, 다반탑, 석가담에
안개속에 아롱진 햇볕, 구름 파도, 석양 밝은 달,
백설의 은세계, 철따라 변화가 무궁무진

원가계

장가계 산책길 괴봉들 구경하는 중
326m 까마득한 절벽 낭떠러지에 붙어있는 승강기로
눈 깜박하는(1분 58초) 사이 등산, 하늘 아래 첫 산
아득한 설산의 은세계 와! 와! 탄성소리
풀 한포기 나무 한 그루마다 최대 장식
눈 부신 크리스마스트리로 꼬부랑 백발 할미의 나무들

미혼대迷魂臺

설국의 산능선 끝 넓적바위에서 바라보는
넋을 잃을만큼 아름다운 경치에 취해
뾰족뾰족 솟은 암봉들 안개 속에 쌓인 풍경
광대무비한 대자연의 신비한 풍경 속에
그만 그대로 동화되고 마는 곳

천하제일교

높고 높은 양 절벽봉에 교두보로 놓인 천연 석교
천서만봉 구름만 휘몰아치는 하늘 다리
자연이 만들어 낸 또 하나의 정교한 걸작품
억만년 긴 세월 여러 번의 지각변동 기후

영향 받아
300m 높은 두 암봉 위에 너비 2m 길이 20m의 돌판
난간엔 사랑 부귀 장수 사업을 비는 자물쇠통이 수만 개요
깎아지른 높은 다리를 걸으니 아찔한 현기증이 난다

중국, 중국인

1년 중 260일간 비가 오는, 처녀의 마음같은 장가계 날씨
처녀 총각이 상대방 발을 세 번 밟아 연애가 시작되곤
총각은 처녀 집에 3년간 일해 주고 노래 불러
결혼 첫날밤 침대 모서리를 먼저 앉는 자가 호주가 된다네
설날에 물고기 요리는 다 먹는다네

황산黃山 1860m
—UNESCO 세계자연유산

천하명산 황산 기경 72봉 장엄한 산
명산 장점 집대성한 그림같은 신비화폭
漢始祖 수양하신 후 신선이 된 황제산

백아령(1770m) 고개마루 등산객들 인종 광장
광명정(1842m) 솟은 첨봉 천하의 주인인 듯
연화봉(1860m) 황산 최고봉 어깨 잡은 영신봉

품위있는 멋진 청송 이상야릇 기암괴석
기봉마다 명산 절경 방향마다 다른 상호
운해는 변화무쌍해 살아있는 전설의 산

비래석은 기암 중에 최고걸작 창공 솟아
사자봉의 원숭이는 운해바다 내려보고
신선들 마주서 보는 죽순공의 기암 산

몽환속의 필가석은 푸른 하늘 글을 쓰고
우뚝 솟은 쌍가위봉은 구름 잡아 재단하고
규봉성 넘치는 구름 날고 뛰는 운해 산

영객송은 쌍수 들어 등산객을 환영하고

송객송은 손 흔들며 가시라고 전송하고
절벽에 걸린 소나무 천연분재 청송 산

등산객들 땀 흘린다고 부채송은 바람 타고
공작송은 날개 펼쳐 칠보색깔 자랑하는
온 산이 멋진 청송림 기송많은 송악산

천상세계 백운 나라 살아있는 태평 운해
붉은 노을 파도치는 북해의 연파호한
황혼에 곱게 물들은 운해바다 지평선

첩첩산곡 만길 절벽 구중심처 운해 가득
서해의 기봉들은 구름 나라 떠다니는 듯
운무 핀 은하세계의 구름파도 운해 산

사자봉 기암문에 불끈 솟은 해마지에
산나그네 인산인해 박수치며 탄성 질러
사신봉 황홀한 일출 천하장관 일출산

와호장룡(臥虎長龍) 花鏡池에 청록색의 비경 담수
비취계곡(翡翠溪谷) 옥담계수 거울같은 맑은 물에
옥환담(玉歡潭) 구룡폭포수 신선 사는 별천지
웅장 청량 기봉 운무 명산 장점 집대성한

절대적인 천하기경 쾌락극치 감탄하는
기이한 대명산 절경 천하무비 명승 산

높은 산 산마루에 하도 많은 고루거각(호텔)
찻길 없이 인력으로 어떻게들 지었는지
등산객 산마루에서 자고 가는 숙영산

황산 천지 천상용궁 비단 호수 배 띄우고
백설 옷을 갈아입은 은세계의 설경 보며
중국인 평생 꼭 한 번은 찾아오는 성지 산

제 11 부. 바람 따라 사는 삶

중부경찰서 5감방
6.25 전시학교 시절 회고
눈 내리는 한라산
월출산 답산기
일본 역사 탐방기

중부경찰서 5감방

한 가을 긴 장마가 꼬리를 내리고, 짙푸른 하늘에 실구름이 날개를 달고, 서산에 피는 황혼을 곱게 곱게 물들이고 있었다.

내가 경남고교 2학년 때였다. 그날도 여느 날같이, 해 뜨면 학교에 가고 해질녘 집으로 돌아오고 있었다. 우리 집은 도청 뒤 까치 고개길로 산으로 반이나 올라가면, 부민동 3가 13번지였다. 그 동네는 밭이 많아 보리밭 채소밭에 농사짓고, 양돈이나 양계를 치는 집도 더러 있었지만, 대부분 시내 일터에 나가 하루벌이 하는 가난한 달동네 마을이었다.

그래도 우리 집은 땅도 꽤나 많았지만 국제시장에서 비단장사 하시는 어머님 덕으로 그 동네에서 한두 번째 가는 잘나가는 집이었다. 그런데, 아버지께서는 '개싸움' 투견을 좋아하시고 즐기시는 분이어서 간혹 초장동이나, 서대신동, 운동장까지 가서 투견대회에 참가하거나, 싸움개를 찾아 개싸움을 붙이곤 승리감에 개에게 쇠고기나 돼지고기를 삶아서 잘도 기르셨다. 이 고기는 체신청 소재 미군부대에서 나오는 것이어서 육질도 좋아 개 '다루'는 살이 올라 포동포동하고 인근마을에서는 '무서운 개'로 잘 알려져 있었다.

그런데, 그날따라 내가 집에 당도해보니 대문은 열렸는데 '다루'가 반기기는커녕 개집 안에 헉헉 거리며 맥없이 웅크리고 엎드려 있었고, 마당이나 특히 개집 주변에는 온갖 크고 작은 돌맹이들이 흩어져 쌓여 있을뿐더러 장독대에는 간장 된장독이 터져 풍지박산으로 흩어지고 온 마당에 간장이 쏟아져 흐르고 있었다.

집에는 '옥덕'이란 17세 되는 처녀(하동 옥종 출신)애가 가정부로 있었는데 부엌문을 잡고 울고 있었다.

"누가 이랬느냐"고 물으니 뒷집에 김석원 아저씨가 술이 취해서 "개가 짓는다"고 돌을 던져 그랬다고 했다.

당시 김석원 씨는 어머니와 갑장으로 중앙동 부산본역 앞에서 큰 식당을 경영하시는 부자요, 뒤에 뒷집은 그의 부친의 집으로 함께 살고 있었다.

당시 우리 집은 대문 주변과 상황을 살펴보니, 인근 밭 돌담을 되는대로 뜯어 던져서 온 우리집 마당과 개집, 장독대가 난장판이 되어 있기에 기가 막혔다.

"개짓는다"고 이런 행패를 할 수 있느냐고 어기가 차서 분개한 나는 그 집에 찾아가서 "아저씨 계십니까"고 문 앞에서 말을 하니 그 아저씨가 방문을 열고 나오더니 "이놈아 무엇 때문에 왔냐?"고 하며 다짜고짜 내 뺨을 후려치는 것이었다. 나는 살짝 옆으로 피하며 두발로 걷어차 버렸다. 그는 땅바닥에 뒹굴어 쓰러졌다.

좀 더 때려줄려다가 상대가 아니 되어 그길로 집으로 내려왔다

그런데 그날 저녁에 웬 여자가 둘이 쳐들어와 "우리 오빠를 어느 놈이 때렸느냐?" 고함을 질러 내가 공부하다가 나가 현관문을 열고 내다보니 불문곡직 나의 멱살을 잡기에 나는 생각할 틈도 없이 자구행위로 맨발로 한번 차버렸더니 땅바닥에 쓰러져서 문을 닫아 버렸다.

그런데 그 여자는 김석원씨 여동생이었으며 그의 남편은 박정렬씨로 부산 남부경찰서(현 중부경찰서) 정보계 형사였다.

나는 그날 저녁 아버지와 어머니께 그 경위를 말씀드렸다.

뒷날 아침 새벽같이 문을 두드려 나가보니 중부서 조경사(사복)가 동행을 요구하여 붙들려 중부경찰서 수사과 취조계로 가서 조사 받고 지하 5감방에 구금당하는 죄인 신세가 되었다.

그 뒷날부터 매일처럼 아버지께서 면회 오셔서 쇠고기국밥을 두 그릇 책상위에 마주하고 한모금도 못자시고 우시고 계셨다.

나는 죄스럽고 애간장이 녹아 같이 울면서 부모님께 보답하고 훌륭한 사람이 되어 복수해 주리라고 피눈물로 맹서했다.

당시 7일간 감방생활을 하면서 죄수들 11명 틈에 나는 막내둥이 똥통 위(당시 감방 안 밑에 뚜껑 열면 변소)가 내 자리요, 며칠 밤을 지새우고는 일요일이 되었다.

그 경찰서 바로 뒤 낭떠러지 위에는 동일교회가 있었는데 종소리 따라 밤이 왔고 새벽종소리에 아침이 밝았다. 교회당의 높은 십자가 첨탑은 거룩하게 보였고, 일요일 여고생 하이얀 교복을 입고남학생은 검은 모자 교복에 교회당을 출입하는 것을 보고 '내가 언제 교회당을 갔던가(교회 다녔음)'고 지난날을 반추하며 참으로 나는 지옥의 아귀에 있고, 저들은 천국의 천사같은 격세지감을 실감했다. 감방살이 중 청소 잔심부름 7일 만에 해가 뉘엿뉘엿하는 오후에 이름을 불러 나가보니 풀려나는 몸이 되었다.

생각건대 아마도 아버지 어머니께서 그 집에 수차례 찾아가서 손이 발이 되도록 빌고 빌어 공박 받고 치료비를 요구하는대로 다 주고 합의하여 고소 취하장을 넣어 내가 풀려났다고 짐작이 되었다.

나는 아버님을 따라 경찰서 정문을 나와 전차를 타고 집으로 오니 대문 앞에 상을 차려 놓고 생두부와 김치를 차렸는데 내가 들어가니 이웃집 할머니께서 두부를 먹으라고 했다. 무슨 큰 죄인이 감옥에서 풀려난 것처럼 나는 시키는대로 젓가락은 쓰지 않고 손으로 두부를 조금 떼어먹었다. 그리고는 앞으로 "절대로 조그마한 죄라도 짓지 않고 평생을 조심하며 곧게 살리라"고 다짐했다.

그날 저녁 어머니께서 "김석원씨 집에 가서 잘못을 빌어라"고 하여 거절하다가 끝내 약속된 일 같아서 하는 수 없이 그 집에 가서 머리만 꾸벅하고 돌아왔다. 그 집 사람들 인면수심의 사람에 내 내가 유치장살이 하고 또 빌 수는 없었다.

그런데 세상은 요지경이라 세상을 놀래는 큰 사건이 발생했다 '부산역전 대화재 사건'이었다. 불과 몇 달

뒤 김석원씨 식당은 하루 밤에 불타 망해버렸고 그 아저씨도 중년 나이에 폐병으로 불귀의 객이 되었다. 그 세도 많던 집을 어쩌면 세월이 '나의 설원'을 복수해 주었는지도 모른다. 동네 소문은 죄짓고 벌 받았다는 소문이 났다.

내가 대학을 졸업하고, 당시 직업 구하기는 하늘에 별 따기였지만 경찰에 시험을 쳐서 들어간 것도, 어릴 적에 경찰소년단에 있었다. 자그마한 인연이요, 그 자그마한 복수를 위해서 경찰간부가 되었다.

내가 무궁화 계급장을 달고 서부경찰서 계장을 할 때까지 그 집의 사위인 박형사는 잎사귀 하나인 순경이었다. 나만 보면 외면하거나 피해 다니더니 그도 얼마 안 되어 그 순경직도 그만 두었다.

지금도 부산중부경찰서 앞을 지나면 섬뜩하고, 경찰서 감방 안에는 돈 없고 빽 없는 사람, 선량하고 억울한 사람들이 콩밥을 먹고 있으려니 생각이 든다.

나는 용렬하고 대범하지 못해서 직업을 잘못 선택했다고 생각했고, 세월이 내 대신 처절한 복수를 하여주고 50년이 더 흘러가도 당시에 내가 잘못 했다는 생각도 없었지만, 잘했다는 생각도 없다. 그러나 지금도 오매불망 잊을 수 없는 것은 일주일간의 아버지와 어머니의 그 피맺힌 눈물이다.

나는 불효자였다.

6.25 전시학교 시절 회고

인간처럼 비정한 동물은 없고, 생존처럼 치열한 것은 없고, 전쟁처럼 참혹한 것이 또 어디 있으랴?

우리들이 경남중학 3학년 때 진급한지 25일만에, 우리 민족이 겪은 6.25! 조용한 아침의 나라에 북한 인민군 20만, 소련제 전차 250대, 전폭기 200여대로 전광석화처럼 침략 당한 남한의 참상을 어찌 다 형용하랴.

삶의 절규, 죽음의 아우성과 피로 물들어 얼룩져 아수라장이 된 강산은, 북괴의 물밀듯한 파죽지세 앞에 국군의 방어선이 차례로 맥없이 무너져갔다.

전쟁 전에 대통령께 국방장관은 "각하의 명령만 있으면 서울서 아침 먹고 평양에서 점심 먹고 압록강에서 저녁을 먹겠다"고 호언장담하던 자들은 도망치기에 바빴고, "작전상 후퇴"를 거듭한 뒤에 개전 한 달만에 최후의 낙동강 방어선만을 남겨 놓은 절대절명의 순간에 처했다.

요행이 미군의 조기 참전과 UN 16국의 잇따른 구원으로 전세는 역전되어, 실지를 회복하고 북진, 평양을 점령하자, 중공군 100만 명이 의용군 미명으로 침공, 인해전술로 밀고 밀리는 따발총 전투는 오랑캐의 결전장이었고, 국내에는 도처에 공비들이 창궐하는 토

벌전 속앓이 속에, 소위 백마고지 전투는 인류 전쟁사에 없는 20여회에 걸쳐 뺏고 빼앗기는 그야말로 "전우의 시체를 넘고 넘는" 시산혈하의 격전의 고지를 넘어, 전 국토가 잿더미가 된 뒤에 1953년 7월 27일 휴전 협정까지 3년 1개월간 공산당이면 몸서리치고 동족이 더 무서운 악몽같은 침략의 참화를 어찌 필설로 다하랴.

부산은 최후의 보루 임시수도로, 부민동 경무대를 비롯, 홍수처럼 들어찬 피난민 거리에서 노숙하고 유리걸식하는 또 다른 삶의 전쟁터였다.

일선에서 싸우고 또 싸우다가 무참히도 부상당한 군인, 민, 관인의 후송으로 학교들은 군부대나 병원으로 징발 될 때, 경남중학은 제3 육군병원으로 접수되었다. 그렇다고, 학교를 휴교하거나 학업을 중단할 수 없어, 강당에서 4개 반이 각각 나뉘어져, 간이 칠판을 앞에 세워 마루바닥에 옹기종기 모여 앉아 며칠 수업하다가, 뒤에는 강당도 내어주고 각 학년 반이 수업할 장소 찾아 뿔뿔이 흩어졌다. 보수동 연탄공장 용두산 등빈 공터를 찾아 전전하며 수업 받다가, 결국 동대신동 구덕수원지 위에 구덕산 하산자락에 자리 잡았다.

삼나무 편백나무 숲 속에 흑판을 걸어달고 경사진 잔돌밭에 앉아 수업을 받다가, 땅을 파서 돌덩이로 대오를 맞춰 계단식으로 줄지어 박아 깔아놓고, 그 돌팍을 걸상 삼아 비바람은 노맞으며, 그래도 정착한 채 노천 수업을 받았다.

그 몇 달 뒤에는 미군 군용천막을 지원 받아 수목이

나 지형에 따라 나무 사이사이에 12여개를 줄쳐놓고 비바람에 펄렁거리는 야전군 병사처럼 전시학교 수업에 들어갔다. 그런데 울퉁불퉁한 돌 위에 오래 앉으면 궁둥이도 아프거니와, 찬기가 차올라와 당시 어깨에 메고 다니는 똥가방을 방석 삼아 깔고는 쪼구리고 앉아 무릎을 세워 책상삼아 책을 놓고 읽고 쓰고 공부했다.

여름방학이 되자, 전선은 급박하게 악화되었던지 3학년 이상을 비상소집하여 상급생(당시 6년제 중학교)은 물론 키 큰 학생들을 학도병으로 입영시키거나 헌병 7기생으로 징집, 동신국민학교에서 군사훈련을 시킨 뒤에 일선으로 보내거나 인천상륙작전에 투입시켰다.

개학해서 등교하니 임자 잃은 돌판 걸상들이 남은 학생과 함께 수업 받다가 그 뒤에는 주인마저 바뀌었다.

한참 전선이 위급할 때에는 경남병사구 사령관 소위 "백두산 호랑이" 김종원 대령이 말을 타고 동분서주 예하 부대원들을 풀어 트럭을 요소마다 대기시켜 놓고 지나는 젊은이들을 닥치는대로 마구 "훌치기"로 잡아가서 용호동 또는 일본으로 급히 보내 초보 군사 훈련과 총 쏘는 연습만 하면 일선에 급히 투입 되었지만 적의 총알받이가 될 뿐 나라의 운명은 백척간두에 선 풍전등화였다.

대저 나라 잃은 백성, 패전한 국민은 승리자의 전리품이지, 노예였지 어찌 사람일 수 있으며, 살아갈 수 있었던가?

인민군에게 거의 전 국토가 점령당했고 지방 빨갱이가 더했으며 도처에서 인민재판을 하거나, 보복 살인극을 벌려 50만명 이상이 학살되거나 끌려갈 때에 색깔이 다르면 부모형제 친척도 이웃도 원수요, 적일 뿐이었다.

후방도 학교 수업도 전쟁의 풍운 앞에 사시나무처럼 떨고 흔들거렸다.

6월의 학기변동은 도로아미타불이 되고, 그런 때에 중등학교 교육제도가 변경되었다. 처음으로 1950년 9월에 부산고가 신설되더니, 1951년부터 6년제 전 중학교가 중, 고등학교로 분리 개편됨에 따라 우리 동기들은 1951. 7. 16일 경남 초급중학교 제 1회 졸업생이 되었다.

그리고 그해 추석날 고등학교 1학년생으로 입학했다.

그리하여 계속 전시 수업을 받았다.

겨우내 매서운 낙동강 찬바람은 구덕령을 넘어 침공하여 피난살이 천막을 뒤흔들어 찢었고, 한여름 태풍은 몇 차례 천막을 산산이 마구 찢어 쓰러 뜨려도, 다시 기워 세우고 전쟁과 재난의 고비를 넘겨 학업만은 계속했다.

전선의 대포소리, 학교 위에 사격장 총성에 여윈 자연은 의구한 채 꽃 피고 녹음지고 단풍 들어 세월은 피고졌다.

그런데 그 당시 구덕산은 물론 구덕 수원지등은 적산 국유지로 수원지 바로 위에 동아대학이 있었고 그

위쪽 산에 우리는 군용 막사에 피난 수업을 받으면서 운동장은 장기일 선생님 지휘로 체육 교련 시간에 삽이나 괭이, 곡괭이로 경사진 산을 파서 흙을 가마니 위에 얹어 양쪽으로 묶어 끌고 가서 아래쪽으로 성토하여 차츰 차츰 넓혀 나갔다. 손이 부르트도록 일했고 돌을 운반했다.

그러나 인력은 한계가 있어 지금 운동장터에 교실을 지으려고 미군 부대에서 불도저 2대가 나와 부르릉 소리를 내며 산을 허물어 깎아내려 터를 닦고 있었는데, 난데없이 동아대학생 300여명이 몰려 올라와 고함질치며 작업을 못하게 하고 "봉이 김선달 대동강물을 제 것이라" 우기듯 자기네 땅이라고 실력행사를 했다.

당시 우리는 수업시간인데 비상 종소리에 따라 너나할 것 없이 자동적으로 현장에 뛰어나가 돌을 주워 던지고 대항하여 맞섰다.

용마들은 용감했다. 한 시간여의 대결로 뒷걸음질쳐 밀려나는 동대생들을 쫓아냈다. 그러기를 두어번 한 투쟁 끝에 그것을 고비로 하여 합법적으로 부지를 확보하여 미군용 목재를 원조 받아 교실 6개의 순 목조건물을 지었다.

전선도 밀고 밀리는 소강상태를 거듭하다가 휴전선이 그어져 여전히 나라는 두 동강이 난 채로 잿더미에 시체를 깔아놓고 휴전협정이 맺어졌다.

우리들은 전선에서 "화랑담배 연기 속에 사라진 전우" 선배 형님들의 산화한 음덕으로 신축교사의 향긋한 나무냄새 맡으며 신방 같은 새 교실에 3학년 4개

반이 모두 들어가 1년간을 공부할 수 있었다.

중, 고등학교가 분리되고 첫 고입시험을 거쳐 전란시대 피난수업의 고비를 무사히 넘겼고, 다행히 부산제일고등학교 교명에서 본래 교명을 되찾아 드디어 1954년 3월 25일 경남고등학교 첫졸업생이 되었다. 중(6년제), 고등학교 통산 8회 졸업생이었다.

더 거슬러 올라가 회고해 보면, 우리 세대는 한 많은 일제 식민지 시대에 태어나 제2차 세계대전 등 혹독한 탄압시대를 겪고, 더구나 선배님들은 무참히 산화하는 전쟁의 제물로 강요 당했다.

어디 그 뿐이랴. 산에 가서 보라! 일본 제국주의에 삼천리강산 산봉마다 쇠말뚝이 박히고, 소나무 한 그루에도 송탄유 채취에 피 빨린 채 60년 회갑을 넘어도 아직도 그 상처로 신음하는 조국강토에 동족상잔이 무엇이랴? 조국이 사는 길은 오직 하나, 힘 있는 나라, 무력이 강한 강국이 되는 길이다. 그 길만이 안전보장과 번영을 확보하는 길이다.

약소민족으로 외침 당하는 것도 서글픈데 작은 나라에 동족끼리 사생결단을 하는 전쟁이 왜 이리 떠날 날이 없는가?

비록 죽은 자라도 전쟁을 일으킨 자는 책임을 묻는 역사를 써야 한다. 동족상잔의 역사를 바로 잡아야 한다.

구두선으로 평화를 외친다고 누가 우리에게 평화를 던져 주랴? 결단코 이 땅에서 전시수업을 받는 후손들이 다시는 없어야 할 것이다.

눈 내리는 한라산

—경팔산우회 11명 등산기

인생의 날개를 접고 황혼길을 걸으며, 지난 세월 추억하고 현재만을 살고 있는 칠순길 나그네들, "우리가 언제 이렇게 늙었던가?" 하지만 속진을 털고 일어나 훌쩍 떠나고픈 역마살 영혼은 아직도 남아, 일단 경팔산우회는 한바다의 설산 한라산을 등정하기로 도전장을 내었다.

2003년 1월21일 19:30분경 부산항 연안여객선 부두에서 일행 11명은 아일랜드호에 몸을 실었다. "게으른 사람은 연장을 내었다가 채 들이기도 전에 해가 저문다"는 짧은 해의 땅거미는 짙어져, 부산항구 영롱한 불빛은, 환락의 꽃밭을 이루는 북항을 빠져 나와 배는 서서히 속력을 낸다.

눈물바다 피바다 파도 높은 현해탄을 끼고, 탐라행 유배길 700리 길을 달린다. 여객선은 500톤급 승객 250여명 자동차 50여대를 싣고는 우렁찬 심장, 엔진소리를 내며 양 날개 스쿠루로 물을 감고 차고 토해 내어 18노트를 달린다.

진해, 거제, 남해, 다도해를 유령처럼 지나는 밤바다가 참 좋다.

가라앉지 않는 통증으로 뒤척이는 검은 바다
찬바람은 살풀이 하듯 끝도 없이 핥고 긁어
칠흑 같은 저승파도 소용돌이치는 물결
용솟음치는 여울 거칠게도 춤을 추니
상현 반달 은빛 물결 뛰어노는 구천 바다
삼각파도 뒤틀려서 큰 배도 가랑잎 하나
울렁울렁 비틀비틀 철렁 멈칫 서성이다
별을 보고 찾아가는 산지포 붕정만리
암흑의 수평선엔 등대불도 바위 없고
고기잡이 파시장엔 집어등만 찬란한데
탐라관문 불야성에 훌쩍 들어서는구나.

부두에 내려 해장국으로 아침을 때우고, 차로 빙판길을 근근이 올라 어리목에 닿았다. 그런데, 한라산 정상은 금지구역이라 윗세오름에서 영실로 내려가기로 하여 모두 아이젠을 하고 출발했다.

하필이면 "가는 날이 장날이던가" 10년 만에 대폭설이 휘몰아치는 날이다.

영산에 나무마다 설화가 핀 정경은 참으로 환상의 세계다. 어린이, 강아지가 아니라도 감동에 흠뻑 젖어서 못내 즐겁다. 멋진 영화 한 장면같이 11명 종대로 늘어서서 아름다운 평등과 차별의 이국 설경에 취해 설산을 등반한다.

품질 좋은 수은 눈을 탐라에만 쏟았던가
은구슬 쉴 새 없이 아우성쳐 퍼붓는데
속절없이 눈을 쓰고 떨고 있는 상록수들

표백된 한 세상에 차라리 눈집 지어
설산동산 은막집에 설성을 쌓았던가
한라산 백록담에 눈을 가득 채우고는
슬하에 360 오름 은구슬을 퍼부어서
눈에 묻힌 나무마다 장송곡의 공동묘지
청송남기 소복입고 구름집을 아로새겨
백금보석 빙하성도 바람으로 흐느낀다
산더미 눈더미에 미끄러져 푹푹 빠져
잃어버린 고향마냥 길도 없어 버거운데
싸락눈 얼굴 때려 바늘 찌르듯 따갑구나
죽자 살자 기를 다해 눈물겹게 발길 옮겨
저승길도 갈 것인데 백산 설산 못 오르랴
사제비오름 올라서니 폭풍한설 앞을 막고
만세동산 넓은 고원 화구벽도 간데없고
오름들 눈에 덮여 하늘고원 설원일세

길잃은 밤배에 등대불이 반갑듯이 윗세오름(1714m) 산장이 보인다.

일행은 콩나물시루 산장에 들어 라면으로 맛 나는 점심을 삼는데 산장에서 "폭설이 심하니 빨리 내려가시오" 한다. 어쩔 수 없이 사진 한 장 찍고는 영실로 하산하기 위해 출발했다. 그런데 폭설이 길을 덮고 길섶 붉은 깃대마저 덮어버려 어디가 길인지 알 수가 없다. 어쩌다보니 쌓인 눈에 빠져 조난 일보 직전이다. 일행은 약속이나 한듯 되돌아 산장 쪽으로 향한다. 위험은 피해가는 법. 별 도리 없이 어리목으로 다시 내려갔다. 하루 세 번 변하는 제주 날씨에 열두 번 변하는 한라산 날씨. 금방 쏟아 붓는 눈발, 가관이다. 장엄한 암벽은 눈을 덮어써 구름 같은데 거치른 남풍 한설이 매몰차게 몰아친다.

지축을 흔들듯이 울부짖는 바람소리
뒷바람은 떠밀듯이 내려가라 등을 밀어
등산로는 눈에 묻혀 금방 파인 발자국도
바람 쓸어 쏟아 부어 돌아보면 흔적 없는
황량한 융단 깔린 찬란한 설원 은영
아! 천지는 숭엄하고 변화무쌍하던가?

내려올수록 눈도 잦아지고 바람도 자서 도란도란 이야기하며 한걸음에 어리목에 닿았다. 산행시간 4시간 20분이었다.

한라산 치맛자락이 제주도를 이루어서 "제주도가 한라산이요 한라산이 제주도라" 했던가. 정상 하나는 별을 잡고 슬하에 360 오름을 거느린 부성이 강한 산. 한국, 중국, 일본의 중심지, 명승지도 많아 한라산만 오르기엔 너무 아쉬워 식물예술원, 여미지 등 명소를 구경하고 24일 돌아왔다.

끝으로 긴 일정에 서로 격려하고 도와주며, 아무런 사고 없이 화목하게 여행해서 즐거웠고, 친구들께 감사한다.

월출산(812.7m) 답산기

—경팔산우회 고희에 노익장 과시

경팔산우회를 창립 산행한지 어언 12년, 매 일요일마다 정기산행을 했으니 그간 무려 500여회. 한라산, 지리산, 설악산 등 국내 명산을 답파하고, 고희 줄에 들어 산정이 무르익어 금년 말은 월출산을 종주하기로 했다.

산천은 사람을 낳고 기른다고 했던가? 왕인박사 도선국사와 남도화가 등 인걸도 많이 배출해 기른 월출산!

2003년 12. 9일 이 땅에 "대쪽 같은 올곧은 선비정신이 살아 숨 쉬는 함양 담양의 가사문학관에 면앙정가, 성산별곡, 관동별곡 등의 유물 전시품과 소쇄원 등 문화유적지를 다시 둘러보고 때마침 보름달이 뜬 월출산 천황봉의 신비한 경치에 취해, 월출음식문화원에서 밤을 지샜다.

10일 일기도 쾌청한 날 총무 심재홍의 인솔로 강성도, 배기현, 조봉석, 엄덕량, 우동천 등 7명은 월출산 그림 위에 삭풍한파 벗을 삼아 개신리 국립공원 매표소를 거쳐 천황사지 길로 올라간다. 벼랑길 돌을 잡고 나무잡고 올라가니, 불쑥불쑥 솟아오른 영봉들이 절벽 초입부터 감탄을 불러일으킨다. 호젓한 산대 밭에 슬피 우는 바람소리 듣노라니, 천길 절벽 우뚝 서서 앞길을 가로막고 좌우엔 3형제봉이 내려 보는데, 붉은 동백꽃은 정열로 반겨준다.

청계단 홍계단을 난간잡고 올라서니 시루절벽 앞에 서서, 돌아서 한사코 올라서니 시루봉과 매봉을 잇는 구름다리에 다왔구나. 높이 120m 길이 52m 산마루에 출렁출렁 그네 뛰는 구름다리, 아찔하게 건너가니, 벼랑바위 엮어 올린 수직현 사닥다리 굽이굽이 연결한 길 매봉을 넘어가니 양절벽 아래 양지쪽이 봄이어라.

햇볕에 정 붙이다가 곧바로 사자봉 절벽아래 S자로 접어드니 암벽 처마 고드름이 줄줄이 열려있는 암벽 벼랑 줄을 잡고 기진맥진 올라가니, 사자봉 명필봉이 불꽃처럼 뾰족한데 수려한 기암봉이 즐비하게 늘어선 비경이라. 영봉 위에 흔들바위(동석) 낙락 끝에 떨어질듯 걸렸는데, 신령스런 저 바위를 "영암"이라 불렀던가. 계단타고 다시 가니 통천문에 다다랐네. 하늘나라 통하는 듯 구멍을 넘어서니 천황봉이 저기로다. 벅찬 숨을 토해내며 기를 써서 다다르니 희열과 감동이라.

아! 해냈구나. 이 순간을 위하여! 천지를 우러러 하계를 내려본다.

밝은 달 임 맞으려 장엄하게 솟았던가?
구름다리 그네 뛰며 구절양장 경사진 산
천황봉 하늘 치솟아 백학처럼 날개 편 산

발끝마다 전설 밟고 절벽틈새 올라드니

기암괴석 옷을 입고 금수강산 달을 따곤
거룩한 기암전시장 석화송이 아롱진 산

영산강도 휘감돌아 전라벌을 빚어놓고
열두 폭 치마폭엔 지평 열은 황토 마을
돌불꽃 피 오른 암봉 즐비한 칼봉우리

천고에 영암의 거대한 바위로 살아서
해맑은 알몸으로 영웅인 듯 호령하며
타오른 횃불을 들고 의지로만 솟았나?

최정상 천황봉은 평평한 암반으로 천제를 지내던 소사터라, 산행대장 엄덕량은 술 한 잔에 절을 올리고 일행 일곱 벗은 팔방을 둘러서서 야호 3창을 외쳤다.

천지를 굽어보니 백두대간 소백산맥 호남정맥 솟구쳐서 월출산이 되었던가? 전라평야 달려 와선 소금강강산 태조산이 되었던가? 사방이 우뚝 솟은 절벽봉우리라, 하늘에 떠있는 기분이요, 4방 8방에 주름진 능선이 뻗어나가, 여기 불쑥 저기 불쑥 기기묘묘한 기암괴석이 창검을 세운 듯 하고 또한 바위 성채도 널부러진데 제 각각 기둥모양 세로절리 탑 모양의 가로절리라, 장대한 기상에 신비한 위압감을 불러일으킨다.

북쪽은 영암읍에 황토마을이 올망졸망 열려있고, 서쪽은 영산강이 굽이쳐 내려오는 전라평야에 목포가 지척이요, 동쪽엔 암봉들이 줄을 서 크고 높은 기둥모양의 괴석에 수직절리가 장관인데, 서남해를 한 눈에 굽어보는 우뚝 솟은 그 기상이 장쾌하기 그지없다.

서남능선은 천황봉과 구정봉이 양팔을 벌린 채로 첩첩 기암의 길쭉 넓쩍 둥글 평평한 탑들이요, 수평절리 교묘하기 그지없고, 기암마다 이름 있어 귀틀, 구멍, 남근, 사자, 말, 돼지, 칼, 탕건, 시루, 거북바위들이 널브러져 만물상의 대장관에 월출산의 큰 정기가 영암, 해남, 강진, 장흥의 태조산으로 되어 있다.

서남능선의 구정봉을 건너보며 하산하니 급경사길로 내려간다. 암탑들의 전시장 같은 기암경에 취해서 암릉길을 내려오니 길섶엔 남근바위가 오롯이 서있다. 뒤돌아보며 달려간다. 능선을 올라가니 구정봉 밑에 베틀굴이 있다. 이 굴에서 임란 시에 여인들이 베를 짰다는 굴, 그런데 이상하게도 여성의 국부를 닮았다. 굴의 길이는 8m 정도 굴 안 밑에는 물이 고여 흘러나오는데 남근 바위를 향해 있다는 안내판의 설명, 참 기묘한 자연의 이치?!

조금 올라가서 바위밑 구멍을 들어 넘어 오르니 이른바 구정봉!

아찔한 절벽봉 위에 20여명이 앉을만한 암반, 크고 작은 웅덩이 10여 곳이 있는데 물이 고여 있고, 옛날에 아홉용이 살았다는 전설의 암봉, 곧바로 오르락내리락 100m 가니, 거대한 암벽에 가득 조각된 마애여래좌상이 인자한 상호로 서해를 바라보고 있다.

1000년 세월을 실아 있는 듯 두광엔 연꽃조각 아로새겨져 있다.

되돌아오니 기암성채(토르)들이 기라성 같다.

남릉길엔 낭만적인 능선길, 억새와 조릿대로 뒤덮인 미황재 억새밭길이 그만이다.

월출산! 호남의 소금강이 틀림없다. 사자봉은 북한산 인수봉을 닮았고, 늘어선 기암봉들은 금강산을 옮겨놓았고, 구정봉은 속리산 문장대를 빼었고, 불티재 암릉들은 설악산 용아릉을 연상할 뿐 아니라 문필봉 기운에 화가들과 많은 인걸을 배출했으니, 남도의 금강산이 가히 허명이 아니다.

아쉬움을 남겨놓고 일행들이 기다리는 바람재로 다시 와서 월남사지 계곡을 내려오니 아늑한 숲속 길에 동백나무 군락들이 청춘인 듯 붉은 꽃봉오리 맺혀 탐스럽다.

금릉 경포대를 지나 야영장까지 약 12Km를 5시간 20분에 답파하고 일행 모두 아무 탈 없이 하산, 귀로에 올랐다.

일본 역사 탐방기

일본! 옆 동네같이 가까운 나라. 그러나 혹성같이 먼 나라! 청명한 날엔 저 대마도가 현해탄에 파랗게 보이는 섬나라.

그런데 인간의 여행에는 국경이 없고, 젊어지는 샘이라기에, 하찮은 인생살이 잠시 접어 두고, 각박한 질곡에서 해방되는 자유의 기쁨을 찾아 나선다. 미지의 세계에 대한 기대와 설렘을 갖고.

부산교사불자연합회 회원 80명은 박현희 회장의 인솔로 2003년 8월 19일 16시경 팬스타호 편으로 부산국제여객선 부두를 떠나 뱃고동을 울리면서 부산 북항을 빠져나간다.

헌데 이 배는 한국 국적선 약 22,000톤 엔진 3만 마력에 길이 160m, 폭 25m, 정원 600명 화물 5000톤, 시속 16~25 노트로 바다를 떠가는 화객선 특급호텔이다.

해파리도 많은 바다, 오륙도를 뒤로 두고 끝도 갓도 없는 망망대해에 들어선다. 아득한 수평선이 황혼에 타는 바다, 황홀한 금빛 물결 눈부시게 찬란한데 홍옥이 떨어지는 일몰경에 취해, 현해탄은 흥분되어 샛바람에 이는 파도 타고, 여섯시간 달려가니, 일본 열도 수문장격인 후타오이와 오시마섬 사이를 지나, 거친 숨결 헐떡이며, 물보라만 남겨놓고 타협 없이 시모노세끼항을 들어선다. 일본은 네 개의 큰 섬과 4000여개의 작은 섬으로 된 섬나라.

이제는 혼슈와 규슈, 시코구 사이의 내해, 은하수같이 많은 섬들이 널브러진 내해 길이다.

일제시대에 징용갔던 우리 장정들이, 이 시모노세끼와 규슈간 해저 터널공사에 수천 명의 원혼이 잠들었다는 다리 밑을 지나 병목아지 같은 관문해협을 따라 이리저리 굽이치며 해로를 따라 넘어가니, 양쪽 해안에 줄줄이 간단없이 매어놓은 해변 도시들의 저마다 다른 찬란한 불을 밝힌 스호탄을 지난다. 이제는 비단 같은 호수, 세토나이 내해 국립공원이요, 붉은 등 푸른 등 해로 찾아 유명한 사카이데 대교 밑이다. 마치 진주목걸이처럼 천공에 매여 놓은 그네 뛰는 오작교 같다. 찬란한 등불을 총총히 매어달고 위에는 자동차, 밑에는 고속전철이 내달리는 해양 고가대교의 진풍경이다. 혼슈쪽으로 H 모형 대형탑 네 개가 조명등 밝히고 그 아래로 고속도로, 4H의 환상경을 뒤로 두고 가니, 새날이 밝아 온다. 다카마츠를 구경하는 사이 아름다운 하리마탄 내해를 지난다.

이와지섬과 아카시를 연결한 고공 현수교 밑을 지나니, 비로소 오사카만에 들어 일본 첫 개항 항인 고베의 찬란한 야경을 구경하고, 무려 17시간 30분간 항해 끝에 오사카 남항 국제여객 터미널에 닿는다. 이 오사카는 요도가와강 하구 삼각주에 펼쳐져, 서쪽으로 오사카만 동쪽으로 오사카 평야를 끼고 발달한 京阪神奈의 중심도시로 도쿄에 버금가는 일본 최대 도시이다.

12시경 대절 버스 편으로 거미줄처럼 연락되는 고가교량을 타고 첫 볼거리인 오사카성에 입성했다. 이 성은 임진왜란의 원흉 도요토미 히데요시가 천하통일의 근거지를 삼고, 방위 목적으로 1583년부터 15년간 축성한 것으로 넓은 땅 둘레에 동서남북 여러 겹의 호를 파고, 무려 100톤이 넘는 많은 화강암을 날라다가 두부 자르듯 다루어 높은 성벽을 쌓고는 그 위에 거대한 5층 청기와 지붕의 천수각을 올렸다. 열 개 날개의 용마루에 금빛 찬란한 어룡을 얹은 강대한 권력의 상징적인 고층 성곽인바, 그 안에는 도요토미 생애 기념관이요, 8층 전망대에 올라보니, 오사카 시내가 한 눈에 들어오는 광활한 도시이다.

일본의 베니스라 불리는 물류교통의 중심지인 이곳은 808개의 고가교량이 강과 운하 바다 인공섬들을 거미줄처럼 연결하는 요지경으로 일본이 굴 파고 다리 놓는데 세계적이란 명성이 웅변되는 것 같다. 우리 교포가 가장 많이 산다는 곳, 성 안에 은명수, 금명수를 대포주박으로 마시고 나와 기계처럼 돌아가는 단체 여행은 고베로 향한다.

95년 1월 17일 관서지방의 대지진으로 무려 5400명이 죽었다는 지진의 현장 고베, 아름다운 포트타워 옆을 지나 해안 부둣가로 가니 방축 시멘트가 줄줄이 깊이 갈라져 조각나고 철근 보드가 엿가락처럼 끊어져 자랑하던 고가도로도 무너져 많은 피해가 났다니 지진에 대비한 토목 건축공사도 강진 앞에서는 어찔 수 없는 모양이다.

일본 주택은 7%가 목조건물이고 25%가 시멘트의

고층건물, 그러나 베란다 문이 일체 없고, 피란계단이 있으며 가구도 살인무기라 붙박이 간이 옷장에 별반 가구가 없다. 전기도 110볼트. 모든 것이 지진에 대비한 사전포석의 문화였다.

고베 시청 전망대에 올라 배산임수의 배경에 멋진 시내 전경을 조망하는데, 동그란 다리, 비너스 브릿지 난간에 수많은 자물쇠가 주렁주렁 매달려 있는 것은 연인들의 사랑의 약속이 굳게 잠긴 자물쇠처럼 영원하기를 기약한 것이라 한다.

21일은 린카이 호텔에서 나라 국립공원 동대사로 갔다.

우리 삼국시대의 영향을 받아 일본 최초의 국가가 세워진 순 우리말 '나라'는 고대 일본의 70년간 수도였던 곳으로 백제에서 전수된 불교는 일본 인구 90% 이상이 불교도로 일본 문화의 뿌리가 되었다.

이곳 동대사는 일본 최대의 사찰로 신성시되는 사슴 3000여 마리가 방목된 공원에 금당은 웅장한 2층 목조건물로 그 안에 꽉찬 높이 16m 청동 대불이 안치되어 있는 바, 한 손바닥 위에 13명이 올라 갈 수 있고 그 주조에는 금은동 주석이 500여 톤이 들고, 수많은 백제인의 주도로 되었다는 것. 두 존자를 거느리고 1400년 세월에 삭혀 새까만 상호로 반기는 듯 미소짓는다. 금당 지붕 아주 높은 천장은 빨간색을 신성시하는 습관 때문인가 아무런 화려한 단청이 전혀 없다. 합장 후 뒤를 한 바퀴 돌아 나오는데 기둥 구멍에 들어가 빠져나오면 복 받는다고 몸을 틀어 빠져나오고 있고 줄을 서있다. 그리고 많은 매점들엔 모두 노인들이 물건을 팔고 있다. 힘 안 들이는 일은 노인들에게 일자리를 주는 일본 사회. 운동장 같은 경내를 지나 높이 21m의 남대문에 한 쌍의 금강역사상께 작별하는데, 많은 꽃사슴들이 먹을 것을 달랜다.

오사카 귀로에 무명의 식당에 안내되어 생불고기 뷔페 등으로 걸팡지게 잘 먹었는데, "오사카는 먹어서 망한다"더니 식도락의 중심지 "천하의 부엌"답게 먹는 것이 풍부했다. 아마 여행은 보고 듣고 먹고 즐기는 것이 진수인가 보다

일정 따라 교또로 간다.

일본 전통이 살아 숨 쉰다는 1100년 수도 교토.

"오사카가 먹다가 망한다면, 교토는 입다가 망한다" 고 할만큼 잘 입고 멋 내는 곳, 시가도 중국 서안을 모델로 바둑판같이 잘 정돈된 역사적 거리에 많은 사적과 사찰을 만나는 곳. 일본 전통의 옷 기모노는 아주 고가의 비단 옷감으로 열두 겹을 겹쳐 입고 끈으로 묶고 묶어 허리매듭으로 멋 내어 감추는 고급 옷. 니시진의 기모노 쇼를 통해 예쁜 아가씨들의 화려한 옷차림에 잠시 빠졌다가 다시 금각사로 향한다.

금각사는 일본 남북조를 통일한 아시카가 3대 장군의 산장.

인공 정원을 꾸민 가운데 연못을 내여 자그마한 소나무섬 몇을 띄우고 인공산 숲엔 산책로를 내어 연못가에 자그마한 3층 전각에 외벽을 금박이를 입힌 금각사. 한번 보수공사 하는데 금이 무려 700억원 어치가 든나고 하니 화려한 부의 상징이라 할까. 그 정원수 중 일본 3대 소나무 중 하나는 사람이 서쪽으로

배를 타고 가는 형상으로 땅바닥에 늘어붙어 자라는 육송인바 이채롭다.

다음 볼거리는 평안 신궁.

"겉과 속이 다른 일본의 두 얼굴"을 보는 듯, 일본의 전통 종교는 신또의 神社이다. 우리나라 교회같이 없는 곳이 없는 신사에는 2000여의 신을 모시고 믿는데, 큰 업적을 세운 이도 신으로 모신다. 그러면서 불교나 다른 종교를 믿는 일본인들, 그 본심을 알 수가 없다.

평안 신궁은 교토 천도 1100년을 기념하여 세운 것으로 왕들을 모신 곳, 일본인은 으레이 하는 신사참배, 여기서 연애, 사업, 시험 등 소원을 비는 곳, 신사 주변의 나무들에는 소원을 비는 쪽지, 오미꾸지들이 꽃핀 것처럼 가득 매달려 있다.

다음은 마지막 볼거리 청수사.

오사카는 고가교량이 808개요, 교토는 불교 사찰이 808개라. 천년 수도에 사연도 많아 절도 많은데 모두 대승불교로서 이 청수사는 글자 그대로 물 맑고 물 많은 사찰, 언덕받이 번창한 사찰길 상가 "차그릇 언덕"길을 15분 가량 올라가서 3층탑 계단에서 교사 불자회 80명이 기념사진을 찰칵하고, 올라가니 15m 낭떠러지 위에 올라앉은 청수사 금당, 비밀의 불상이 있다고 하나 문은 모두 잠겨있고, 작은 전각엔 천연색 털모자 쓴 작은 불상들이 장난감처럼 진열되어 있다. 본당에서 시내를 한 눈에 보니, 교토 시내가 받아놓은 밥상처럼 내려다 보인다. 금당 옆 아래로 오토와나키 약수터에는 폭포수가 세 가닥으로 떨어지는데 각각 학문, 사랑, 건강의 물이라고 관광객들이 물 받아 마신다고 많이도 붐빈다. 나는 사랑과 건강물을 긴 포주박으로 잔뜩 마시고 되돌아 왔다.

마지막 22일 신사이바시의 시장 백화점과 젊음의 거리를 주마간산 격으로 보고 일본 기술의 현주소인 전자제품의 천국 '소니' 쇼룸에서 미래 제품들을 보고 일본은 20만 원 이하 되는 제품을 만들어서는 일본은 망한다는 말을 실감할 수 있었다.

22일 16:40분경 오사카항을 출항 귀국선에 올랐다.

선진 일본의 발전해 가는 모습이 양 해안 도시들에 찬란한데 해는 져도 불야성을 이루고, 다양다종의 배들이 미로 같은 밤바다를 오고간다.

생각건대, 여행은 관용을 가르치고, 기도 시간같이 반성의 기회를 준다고 했던가? 일본에 대한 원한은 조금은 완화되고, 오히려 부러운 마음이 든다. 비록 짧은 일정에 몇 지역을 보았지만 일본의 참모습을 엿볼 수 있었다.

즉, 싸우지 않고 화합하며, 서로 돕는 친절한 사람들.

넓은 땅 많은 사람들 남녀노소가 아무 일이나 마다하지 않고 열심히 일하고 노는 사람이 없는 사회, 깨끗한 거리 질서 있는 생활, 밝은 거리 맑은 물, 놀랍도록 발전된 부강한 선진 문물들을 보았다. 그리고 배웠다.

세계는 나의 학교, 여행은 나의 수업, 우리와 비슷한 삶을 배우고 돌아왔다. 우리나라도 언제 저렇게 될 수 있을까?

부산항에 내려서는 발길이 무겁다.

제 12 부. 미국 서부 여행기

하와이
로스엔젤레스
그랜드캐년 국립공원
라스베가스
요세미티 국립공원
샌프란시스코
캘리포니아주 애리조나주, 네바다주 등

하와이

세계는 지금 '지구촌'이라 불릴 정도로, 빠른 속력으로 변하고 있으며, 우물쭈물 살다가 늙고 병들면 아무리 가보고 싶어도 세월이 허락하지 않아, 평소가 보고 싶은 미국을 여행하기로 했다.

평소의 생활이 "인생의 산문"이라면 여행은 '인생의 시'라 할 정도로, 버거운 삶을 잠시 벗어 던지고, 행운유수 즉 구름 따라 물결 따라 자유의 품안에 안기는 것이다.

세계에서 가장 잘 발달된 나라, 미국은 작은 나라보다 크나큰 50개 주가 연합된 합중국이요, 면적은 무려 926만 90평방 킬로 미터에, 이민 역사 100년 만에 인구 3억 명)우리교포 130여만 명), 1인당 국민총생산량은 3만 7천불의 고소득의 그야말로 "축복 받은 땅"이다.

그리고 무진장의 석유 매장량과 순도 90%의 황금과 비옥하고 광활한 농토에 발달된 과학산업의 풍부한 일자리와 식용 소 6천민 마리, 연간 계란 4억불어지가 생산되는 '약속된 복지'의 나라다.

1. 하와이

망망대해 태평양 한가운데 오리처럼 떠있는 섬, 유인도 8개섬에 무인도 124개섬 인구 130만에 미국인 30%, 일본인 27% 원주민 20% 중국인 16% 한국인은 2.3%(3만 명) 등 그야말로 다민족 전시장 같은 섬으로, 1인당 G N P 는 2만 5천불이다.

땅은 대부분 평원이고 40%가 산이다. 산은 산맥으로 이어졌으며 가팔라 천폭, 만폭 주름치마를 세운 듯 하고, 1204m의 와이나이산을 비롯해서 4200m의 고산이 있고, 아직도 용암이 분출되는 화산이 있다.

흔히, 하와이 하면 '오하후'섬을 말하는데 제주도의 90%의 크기다. 그래도 대부분이 평원이라서 제주도의 3배 이상 넓은 것 같다. 옛날 이 하와이 제도를 통일한 이올라니 왕국 수도였던 곳으로 호놀룰루 비행장과 진주만, 와이키키 해변 등 명승지가 있는 곳으로 대개 관광하면 이 섬에서 이루어진다.

청명한 하늘에 따뜻한 바람, 울창한 수목에 1년 내내 아름다운 꽃이 피고 향기 넘치며, 매일 햇빛 나고 비오고, 무지개 뜨는 파라다이스라 자동차 번호판에 무지개가 그려져 있다.

바다는 잉크 물을 뿌린 듯 파랗고 세계에서 질 좋은 너울 파도가 밀려오며, 공기 좋고 식수까지 좋은 세계적으로 가장 낭만적인 휴양지답다.

1) 와이키키 해수욕장

빌딩 숲으로 둘러 쌓인 야자수 그늘 아래 금모래 백

사장, 풀루메니아 하얀꽃이 청초한 십리 해변, 새파란 바다에 너울파도는 천겹만겹 새하얀 이빨을 물고 몰려 왔다가 부서지는데, 서핑족들은 파도타기를 즐기고, 작열하는 태양아래 백사장엔 세계 인종 나체 전시장같이 남녀가 누워있다. 젊음은 사랑과 햇빛에 익어가고 혹은 망중한에 빠진 사람, 볼록한 수평선엔 요트들이 경쟁하듯 달리고, 크루즈 거선은 물살을 가르고, 강태공들은 낚시에 취했다.

나도 일행과 이국의 정취에 기념 해수욕을 즐겨본다.

2) 주정부 청사

다운타운 중심부에 이올라니 궁전 옆에 위치한 주정부청사는 1969년에 건립된 것으로 건물양식이 특이하다.

4층 건물 하층 중앙에서 하늘을 볼 수 있게 뚫린 모습이고, 기둥은 야자수의 잎과 야자나무를 본 떠 세워졌고, 건물 둘레엔 연못으로 이은 태평양상에 화산활동으로 화와이가 만들어진 그 모습을 상징적으로 하여 특이하게 건축되었다.

옆에 있는 보리수는 뿌리 하나에 거목 40여 그루가 밀림으로 되었고, 또 옆에는 이올라니 궁전으로 하와이 역대 왕들이 살던 곳이 연결된다.

3) 팔리 바람산

오하우섬의 대표적인 코올라우 산맥이 끊어지는 산

과 산의 모가지로 이 섬의 동쪽 해안선 차이나맨스햇과 호놀루루 시내의 바람이 넘나드는 고개 길목이다. 이곳은 동, 서향이 탁 터진 광활한 풍경이 좋고, 산바람이 한꺼번에 모여 올라와 강풍을 만들어 내는 곳으로 상쾌하기 이를 데 없다.

이곳은 하와이를 통일한 카메하메하 대왕의 마지막 격전지로 하와이 역사상 중요 유적지라 한다.

4) 진주만

섬 깊숙이 들어가 구비진 만으로 천혜의 군항인바, 옛날 진주조개를 잡던 개(바다진흙밭).

일본군이 미국 태평양함대사령부가 있는 이곳을 대폭격을 하여 침몰한 구축함 위에 하얀집을 지어 2차대전이 발발한 전쟁기념관을 만들어 놓고 일본이 기습 침략한 역사의 현장의 산교육장을 삼고 있다.

5) 플레시안 민속촌

태평양 상에 흩어져 있는 하와이, 사모아, 타히티, 통가, 피지, 마케사스, 뉴질랜드 등 7개 섬의 민속촌을 각각 특징 있게 꾸며 그 주택생활 등을 나타내고 그 원주민들이 살고 있는 것처럼 재현해 놓은 곳이다. 한가운데는 굽이굽이 연결된 연못을 만들어 카누를 타고 각각 다른 의상과 얼굴 도색을 하여 등장 'AlOha' 하는 각기 다른 인사와 괴성과 노래 속에 훌라춤을 추며 수상 쇼를 벌리는 특이한 곳이다.

6) 하나우마베이

특수 해수욕장으로 입장료를 주고 표를 사서 들어가는 해수욕장. 깊숙한 항아리 같은 만인데 바닷물이 너무 파랗고 거울 같아서 바다 밑이 훤히 다 보이는 곳, 야자수가 금모래밭에 흩어져 있는 드넓은 해수욕장. 한번 몸을 던져 푹 빠져보고 싶은 선망의 해수욕장인 바, 1778년 영국 배 선장 제임스 쿡이 상륙한 곳.

7) 크루즈 선 해상관광

3층 대형 하얀 크루즈선을 타고 진주만에서 와이키키 해변까지 10Km의 해안을 천천히도 갔다가 되돌아오는 코스로 태평양의 아득한 수평선에 하얀 파도는 춤추듯 뛰놀고 다른 크루즈 선들도 경쟁하듯 달리는데, 일몰의 석양빛 노을이 불타는 서녘 하늘 아래 배는 산책하듯 물살을 가른다. 섬의 육지 쪽을 바라보니 주름치마를 펼치듯 한 산맥이 병풍치곤 사구산으로 이어진다. 해변엔 고층빌딩이 숲을 이루어 빼곡이 늘어섰는데 배안에는 남녀 10여명이 독특한 의상으로 훌라춤과 노래에 관광객 100여명이 동조하여 춤추고 노래하며 즐기며 젊음을 발산하는 축제장 같다. 그야말로 환희의 도가니가 2시간을 계속된다. 미국인들의 생활상을 보는 듯하다. 기름진 뷔페 식사와 술 한 잔에 흥겨운 무아경의 해안관광 뱃놀이였다.

8) 인간과 짐승의 평등한 공동묘지 외

인간의 묘지와 개, 고양이의 묘지가 인접해 있었는데 다 같이 봉분도 비석도 전혀 없고 똑 같이 조화의 꽃다발만이 꽂혀있는 그야말로 인간과 동물이 공존하는 동등한 공동묘지이다. 묘지 값도 똑같이 2500만원 정도라나!

다이야몬드 분화구 : 화산 폭발 시 다이야몬드가 넘쳐 쏟아져 나왔다는 곳.

가활린의 별장 고급 주택가 : 살기 좋은 곳이어서 세계의 유수한 부호들이 살거나 쉬어가는 별장 지대

한국지도마을 : 언덕마루 비스듬히 그린 듯한 한국지도형의 주택지. 한국인은 살지 않는 한국지도마을.

고래섬, 거북이섬, 모자섬 등 작은 바위섬들이 파도에 씻기고 있었다.

세계 연날리기 대회가 열리는 해변에 성난 파도는 높은데 서핑족들은 파도 따라 유연하고 즐겁게 유영하고 있다.

하와이는 태풍이 없고 지진이 없는 안전지대로 어디를 가나 식수 좋고 공기 좋고 뱀 없고 놀음 없는 곳으로 인간이 살기에는 가장 좋은 낙원의 휴양지라 한다.

로스엔젤레스(LA)

미국 동부에 뉴욕이 있다면, 서부에는 로스엔젤레스가 있다. 면적은 1,200평방킬로미터에 인구 380만 명으로 100개의 위성도시를 합하여 인구 1000만의 대도시로서 미 서부의 관문이다.

하지만 시가 중앙에 시청과 대법원이 있는 다운타운가의 빌딩 숲만이 우뚝하게 서있을 뿐, 그 외 사방은 1,2,3층의 낮고 작은 건물들이 대부분이고 개중엔 울타리도 대문도 없는 집들이 대부분이다.

그 이유는 70년 만에 한 번씩 주기적으로 오는 지진지대이기에 그것도 대부분 목조건물이다. 시청 27층 전망대에서 보면, 조개껍질을 엎어놓은 것 같은 아득한 시가지를 볼 수 있다.

시내에 유명한 거리는 할리우드 거리, 태평양과 정열이 넘치는 산타모니카 해변, 명배우들의 호화 주택가 비버힐스, 근교에 있는 디즈랜드 등 볼거리가 너무 많은 곳이다.

화려한 영화 시상식이 열리던 헐리우드 거리에는 세계 명배우, 감독, 탤런트, 등 영화계에 크게 공헌한 이들의 이름을 새긴 연분홍 별표 모양의 보도판이 연이어 깔려 있는 것이 이채롭다. 여기엔 우리나라 사람

안필립(안창호 선생 아들)도 한사람 있다.

그런데 이 LA는 민족색이 살아있는 이민자들의 종합도시이기에 흑인, 백인, 멕시코인, 중국인, 일본인, 한국인 등 다양한 민족색의 사람들이 각각 민족별로 집단촌을 만들어 자기들끼리 교류하고 살아가는 "인종의 용광로" 같은 곳이기에 인종 간에 단절감과 갈등도 만만찮은 곳이다.

그러나 태평양을 앞에 두고 뚜렷한 사막기후로 건조하고 온화하며 쾌적한 일기로 어느 민족이나 노인들에게는 '관절염이 없는 천국'으로 환영 받는 곳이다. 하여간, LA는 관광 일번지로 많은 세계인들이 몰려들지만 천혜의 기후덕분에, 대중교통이 절대 부족하여 자동차 없이는 생활이 불편한 곳으로 가족 수대로 자동차가 있다는 것이다.

우리 교포가 67만 명이 몰려 사는 코리아 거리에는 대체육관에 야외 운동장, 영화관, 극장, 큰 봉제공장, 외에 각종 병원, 약방, 온갖 생활상 필요한 점포들이 한글 간판으로 즐비하게 걸려있는 낯익은 풍경이요, 큰 한국시장은 LA 시장의 중심 시장으로 동대문 시장처럼 세계인종들이 찾아와선 물건을 받아 간다고 한다. 그러므로 한인들의 생활은 조금도 불편함이 없다는 것으로 그 경제 규모는 대구시와 맞먹는 정도라고 한다.

독일 월드컵 축구 때 한국 팀이 경기할 때는 넓은 사거리 자동차선 6차선 길을 막아놓고 대형 TV를 설치하고 붉은 악마의 복장으로 수만 명이 응원전을 펼쳐도 당국이 허용하고 인정을 받는다는 것이다.

그랜드 캐넌 국립공원

아리조나주에 해발 2450m의 광활한 고원지대에 있는 대협곡으로 '세계 7대 대자연의 신비현상"이다. 길이 448km 폭이 7~29km 깊이 1.6km 넓이 2,500㎢의 상상할 수 없는 크기의 이상하고 절묘한 초대형 협곡이다.

3억 5천만 년 전에 천지개벽이 생기고 250만년쯤 광대한 대고원에 걸쳐 장엄한 융기 현상이 크게 일어나 한가운데가 아주 크게 갈라져 터져 천골 만골의 실개천이 깊은 데로 흘러 록키산맥에서 흐르는 콜로라도 강이 관통하는데 합류하여 급히 시속 32km로 굽이쳐 흐르면서 연일 50만톤 가량의 개흙을 운반한다.

그리고 수백만 년의 세월에 풍우로 깎이고 다듬어진 만 갈래의 크고 작은 협곡들의 암벽은 갈색, 적색, 황색 녹색의 다양한 문양의 색채로서 천층만층 변화무쌍하다. 그리하여 수백만 년의 시대적 변화 단계를 설명해 주는 지구 피부의 속살의 육질로서 간혹 거대한 공룡, 각종 짐승들, 산호, 조개, 벌레에 이르기까지의 생물들의 다양한 화석들이요, 수많은 동굴이나 기묘한 대협곡이 있다고 해서 붙여진 이름의 "그랜드 캐넌"의 태고의 역사를 알 수 있다.

이 거대한 자연의 위용과 장엄한 현상은, 음각과 양각에 굽이굽이 요철을 곁들인 것으로 “세상에는 이런 곳도 있구나”하는 감탄의 경이감은 감히 필설로는 설명할 수가 없고, 사진으로도 그 형상을 담을 수가 없으며 한국말로 방송하는 19인승 경비행기로 45분을 내려다 보고, 그리고 직접 가서 바라보아도 표현할 수가 없구나.

감히 인간의 두뇌가 못 미치는 우주의 경이감이 들 뿐이다.

그런데 이 그랜드캐년의 절벽과 높이에 따라 기온이 다르고 강우량이 달라서 서식하는 동식물들도 다르고 높이 따라 생태적인 차이가 있어 한 계곡에서도 아열대에서 한 대에 이르기까지 기후권이 다르다고 한다.

원근 계곡을 살펴보면 많은 협곡에는 간혹 멕시칸 식물들, 선인장 온갖 꽃들과 하늘을 찌르는 듯한 상록수림 지대가 있고, 바닥에는 간혹 집들이 보이는데 인디언들이 700여명 흩어져 산다고 한다. 완만한 계곡엔 실오라기 같은 길이 있는데 노새를 타고 관광을 하며 인디언들 마을에서 숙식이 가능하다고 한다.

어떻거나 여기엔 매년 관광객이 500만 명이 찾아오는 대관광 명소라고 한다.

라스베가스

네바다 주 남동부 인구 130만의 군청소재지로서, 즐비한 초호화 호텔과 특이한 도박장의 많은 카지노, 색다른 라이브 쇼로 대변되는 세계적으로 유명한 도박의 슬롯머신, 블랙잭, 롤렛, 크랩스, 등의 전문 도박장과 온갖 연예무대의 환락가로서의 유흥도시이다. 그러기에 전세계에서 대박의 꿈을 안고 찾아오는 노름꾼의 선망지로서, 그중 98%가 쪽박을 차고 돌아가서는, 다시 큰 밑천 모아 와서 다시 찾아오는 도박꾼의 고향이라 할 수 있는 곳

그러나 어른 아이 할 것 없이 볼거리, 먹을거리, 즐길거리 만족할만한 거리등이 너무 풍성하여 가족단위로 찾아오는 종합위락단지로, 비가 내리지 않는 사막의 이국적인 연중무휴의 환락가의 유흥지이기에 관광객들이 연중 5000만이 찾아온다는 희대의 관광지다.

그리고 교통도 철도의 중심지요, 아리조나 주 캘리포니아주 네바다주로 통하는 경유지이다. 이 도시는 중심가는 스트립에서 무려 7km에 달하는 거리로 온통 휘황찬란한 네온사인의 행렬로 뒤덮여있어 관광인파도 밤이 황홀하게 아름다운 거리이다.

이곳의 볼거리 호텔을 대충 말한다면,

스트래터스피어 타워
높이 350m 이 호텔의 전망대는 라스베거스를 조망하기 좋을 뿐 아니라 바로 "빅숏"이라는 놀이기구가 있기 때문, 전망대에서 사람을 50m 위에를 쏘아 올려진 뒤 순식간에 아래로 곤두박질치는 정말 보기만 해도 짜릿한 공포의 놀이기구가 있다.

트레저 아일랜드(=보불섬)
호텔 앞에서 매일 밤 해적들이 불 지르고 해적선의 전투신이 펼쳐지며 실내에서는 환상적인 공중곡예전이 벌어진다.

미라지(이 호텔이 생기면서 호텔 세대교체가 이뤄짐)
거대한 +자형의 호텔 전체가 밤이 되면 황금색으로 변하며, 대형 체육관 같은 실내에서 지그푸리드, 로이의 마술 같은 진기명기의 쇼가 벌어지며, 세계의 유명한 권투 시합이 열리는 곳으로 우리나라에서 흔히 TV로 볼 수 있는 곳

베니션
이탈리아의 베네치아에 와 있는 착각을 불러일으킨다. 호텔 안에 흐르는 강, 뱃사공의 곤돌라, 그 넓은 자연 같은 하늘 천장 아래 관광객이 노래하고 춤추는 황홀한 광장의 거리

벨라지오

우아하고 아름다운 고층 호텔의 정원 호수에 분수쇼가 저녁에 몇 번 찬란하게 벌어진다. 다이빙 수중발레 드라마 공중 쇼 그네타기 등 아름다운 예술적 무대가 펼쳐진다.

쥬불리쇼 관람

거대한 고층 호텔 1층 광장에는 카지노 도박장이고, 그 도박장 가운데를 지난 뒤쪽에 세계 최고의 쇼가 공연되는 넓은 극장이다. 240명의 젊은 미남 미녀들이 벌리는 환상의 캉캉 춤과 노래, 그야말로 "환희의 쇼"이다. 삼손과 데리라를 춤과 노래로 재현하는 황홀한 대쇼(옵션 80불)로 2시간 관람한다.

이외에도 영국, 불란서, 독일, 뉴욕 등 세계 명승지를 본떠서 만든 호텔들이 허다하게 많다.

이렇게 아름다운 선망의 도시이지만 옛날에는 불모의 사막의 작은 촌락이었는데 후버댐이 개발되고 미드 호수에서 대형 수로로 물을 끌어왔기 때문이며 또한 후버댐의 연간 발전량 40억kw로 이렇게 발전될 수 있었다고 한다.

또한 인근에는 이 호수와 댐을 비롯해서 밸리 오브 파이어 주립공원 등 수많은 명소가 있는 지역이다.

요세미티 국립공원

"미국의 금강산"이라 불리는 샌프란시스코 근교에 위치한 산이다. 높은 산봉우리의 장군봉 등과, 길고 장대한 5개 폭포들과, 해프돔(깎아지른 수직바위 절벽)은 요세미티의 자랑으로 장대한 규모와 대자연의 예술적인 아름다움과 위대함을 보여준다.

전설의 계곡은 아름다운 그림같이 수직화강암 절벽 사이로 유유히 흘러가는 멀시드 강으로 합류한다. 지구상에서 지표로 노출된 단일 바위로는 제일 큰 "엘 카피탄"과 면사포 폭포와 거대한 요세미티 폭포(739m)는 어퍼폭포와 로어 폭포와 캐스케이드 폭포의 3단계로 되어있는 미국 제일 폭포로 별천지의 대장관이 아닐 수 없다.

폭포 밑에는 100m까지 물안개가 날라 무지개가 항상 뜨고 흐르는 물을 만져보니 차기가 얼음같다. 이는 위에는 4,000m의 고산에 겨울에 온 눈이 녹아 한여름부터 가을까지 녹아 흘러내리는 물이라 한다. 이 물에는 큰 송어가 많은데 하류에는 낚시를 한다.

이 물이 흐르는 곳이 요세미티 계곡으로 길이 7마일이며, 그 위쪽은 거대한 산들이 암벽을 깎아서 수직절벽으로 900m의 하프돔을 이룬화강암 산들이다.

여기에 세계 최대의 화강암 바위로 수직으로 무려 1000m 이상인 암벽이 있는가하면 거대한 둥그런 바위를 마치 칼로 무 자르듯 반으로 뚝 잘라낸 모습으로 하프 돔이라는 이 암벽은 무려 1,443m로 세계 등반가들이 단체로 7~10일간 즐겨 오른다고 한다.

이 모든 하나하나가 훌륭한 한 폭의 그림이요, 창조의 신비함과 자연의 위대함을 동시에 느낄 수 있는 "미대륙의 경이"라고 극찬을 아끼지 않는 볼거리이다.

그 밑으로는 높이 올라갈수록 빽빽이 들어찬 캘리포니아 오크, 삼나무들이 하늘을 찌를 듯이 들어차 있는데 둘레가 무려 네 아름 다섯 아름이 된다. 제일 오래된 것은 무려 3,200년이 된 '장수나무' 가 있고 보통 4~600년이 되는 나무들이다. 이런 나무들이 끝없이 펼쳐져 굽이굽이 산을 둘러 싸 있다. 이렇게 토질이 좋은 것은 큰 호수에 지면이 솟아올라 산이 되었기에 그렇다고 한다.

그리고 200여종의 야생 조류와 곰, 사자, 사슴 등 온갖 동물들이 서식하는 생태계의 보고라 한다.

이곳 요세미티를 가보지 않고는 산에 대해서 말하지 말라"는 미국 산꾼들은 물론 유럽, 동양 산악인들이 찾아와 웅장하고 아름다움에 경탄을 금치 못한다. 그러나 적설량이 많아 관광객들은 연중 6~8월 3개월만 입산이 허용되는 곳이다.

이곳의 연간 관광객은 600만 명으로 특히 세계의 대통령, 수상 등이 오는 곳으로 우리나라 박정희 대통령도 방문했다고 한다.

샌프란시스코

미 서북부의 태평양과 커다란 호수같은 베이만을 감싸고 북쪽으로 길게 우뚝 튀어나온 해양반도 끝에 아로새기듯 아름다운 풍광에 인구 190만 명의 낭만이 살아 숨 쉬는 국제항구도시이다.

이민자의 나라에 세계의 다양한 민족문화가 어우러져 이룩한 다민족의 복합 도시로 독특한 볼거리가 많은 바 이를 대략 소개하면 아래와 같다.

금문교

세계에서 가장 아름다운 금문교는 베이의 입구에 샌프란시스코와 마린 카운티를 연결하는 한 폭의 그림처럼 떠있는 움직이는 해상교량이다. 광대한 태평양에 어우러진 장엄한 경치의 바다 한 중간에 안개를 벗 삼아 얼굴을 감추듯 떠있는 멋지고 웅장한 다리이다.

길이 2736m, 높이 67m의 아득한 공중 두 교각에 그네처럼 매어 출렁거리는 해상 현수교량으로 1일 보행자가 1만 명에 차량 10만대라 한다. 이는 시속 160km의 풍속과 급한 조수와 예측할 수 없는 악조건(지진)에도 견디게 설계한 것이라 한다.

교량 밑으로 크고 작은 배들이 쉴 새 없이 오간다.

알카트라즈 돌섬

샌프란시스코 베이의 한 가운데 있는 제법 큰 돌섬으로 미국의 가장 악명 높은 범죄자들을 수용하는 교도소로서 사회의 공적을 수용하는 최고의 보안시설을 갖춘 형무소였다. 그런데 29년간에 걸쳐 탈출에 성공한 사례가 없었는데 4명의 기결수가 사라진 적이 있었고 이 형무소는 1963년 폐쇄되었는데 지금은 수천명이 유람선을 타고 가서 이 바위섬의 동식물들을 관찰하는 관광지가 되었는데 지금도 높은 탑에는 예대로 등대불만 깜박이고 있는 낭만적인 섬이다.

다운타운

미국 서부의 정치, 경제, 문화를 대표하는 지역. 한복판에 파이낸셜 디스트릭트, 피라미드와 서쪽은 시빅센터, 오페라 하우스 등 유럽풍의 건물들로 빌딩의 숲을 이룬 거리이다. 무수한 인파로 붐비는 곳이요, 가장 번화한 쇼핑 일번지로 엠바카데로 멋쟁이들이 모여 드는 곳이다.

그리고 바티칸의 성베드로 성당을 본떠 지은 시청, 평화의 탑, 가부키 온천이다.

사우스 오브 마켓

미술관 박물관 등이 모인 대표적인 예술거리이다. 예버 부에나 가든, 근대 미술관, 포토-그래픽 북스, 만화박물관이다.

차이나타운 주변

생동감이 넘치는 차이나타운. 중국 시장 등 다양한 민족문화가 공존하는 곳, 풍부한 먹거리와 아름다운 재즈 선율에 맛과 멋을 즐기는 이탈리아 노스 비치 등이 있기 때문이다

그리고 언덕 많은 높은 곳에 놉 힐과 러시안 힐이 있다.

피셔먼스 워프

바닷가의 소박한 선착장 피어 39에는 낚시군들 200여명이 고등어 노래미 볼락 등을 사람마다 거의 반 바구니나 낚았고, 수많이 만들어 띄워 놓은 도크 위에는 바다사자, 물개들 수백 마리가 올라 누워 자고 장난치고, 사람들이 옆에 다가가도 심지어 배가 지나가도 눈 하나 깜빡하지 않는다.

몬테레이 역사거리

17마일의 해변에는 별장, 이동식 캠핑카들이 길가 초원에 질펀하고, 골프장과 수족관의 긴 가로 정원에는 꽃들이 만발한데, 파도치는 해변에는 해초의 숲들이 둥둥 떠서 무성하게 자라고, 갯바위에는 물개, 물범들이 가마우지와 갈매기와 같이 수없이 살고 바다 밑은 아주 큰 전복, 고동 등 온갖 연체류들이 지천으로 있어도 일체 잡거나 캐지 않고 아무런 지킴이도 없이 수백 년 동안 자연 그대로 잘 보존 한다고 한다. 이는 미국인들은 이를 일체 먹지 않고 만일 잡아먹거나 훼

손한다면 아주 고가의 벌금형에 형벌이 엄격히 받기 때문이라고 한다.

미국이란 나라는, 사람이나 동 식물들과 자연이 함께 공존하며, 참으로 살기좋은 천국인 것은 틀림없는 것 같다.

캘리포니아주, 애리조나주, 네바다주 등

캘리포니아 주는 미국 중에서도 인구는 3천 6백만 명으로 미국에서 가장 많고, 면적도 3위에 태평양 연변에 길게 뻗어 있으며, 여기도 조석간만의 차이가 상당히 있다. 미국에서 제일 높은 "마트 위테니 산(4410m)에 제일 해저인 지하 86m 지형이 있고, 45%의 삼림에 전나무 소나무로 뒤덮이고, 4600년의 가장 오래된 소나무에 온갖 야생동물인 곰 사슴 늑대 호랑이의 안식처를 제공하는 자연이 있다.

미국은 어디를 가나 지평선 같은 광대한 지역으로 요소요소마다 잘 발달되어 있고, 누구나 공평하게 누릴 수 있는 현대문명 속에 때묻지 않은 아름다운 대자연의 웅대한 대공원이 많고, 사막 같은 광활한 지평선의 대지에 가녀린 작은 나무나 선인장 또는 유카 같은 사막형 목초들의 황막한 상하지형에 신호등 없이 잘 닦여진 도로가 거미줄처럼 이어지고 인공 지하수로가 흐르고 있어 개발 가능한 땅이라 한다.

그리고 사막철도에는 한꺼번에 200여개의 차량이 2km 넘게 꼬리 물고 지나가고 대형 비행기 350대가 앉을 수 있는 중고 비행기 시장이 보이는데 서부에만 이런 곳이 세 곳이라 한다. 그리고 멀리 큰 건물이 있는데 저곳은 흉악범들 형무소인데 설립 40여년 만에 한 사람이 탈출해서 곧 잡혔다고 한다. 그런데 사막이라 탈출한다 해도 은신처도 없고 먹을 곳도 없고, 도망할 곳도 없어 곧 발견되어 체포되고 만다는 것이다.

캘리포니아 언덕 마루엔 석유 유전지대로 기름을 퍼 올리는 펌프가 수백 대가 지하 200m에서 기름을 펀핑하는 기계들이 작동되고 있고, 서부 연안 태평양에 대형 시추선 7척이 석유를 퍼 올리는 모습이 보이는데 미국에는 여러 곳에서 유전이 있고 또 그 매장량도 무진장인데 공항 근처에만 유전을 개발하고 다른 곳에서는 일체 개발하지 않고 가급적이면 다른 나라에서 들여온다고 한다. 이는 후세를 위해서 비축해 두는 것이라 한다.

버스는 4박 5일간 4300km길을 논스톱으로 달려도 끝없는 준 사막지대가 펼쳐지는 평원인데 차에서 내려보니 한증막 같은 섭씨 50도라 한다. 그런데 10여분을 있어도 땀이 나지 않는다.

이 같은 후미진 사막에 미 공군 비행장과 미사일 기지와 핵폭탄을 투하하는 폭격기 시험장이 각각 숨어 있듯 있다한다.

이 같은 드넓은 사막지대를 향후 150년간 개발금지 구역이라 한다.

한참 가다보니 또 작은 언덕마루 길게 풍력발전기 2000여대가 제 각기 돌아가고 있는 곳이 있는데 이런 곳이 여러 군데 보인다.

멀리 지나 미국 최대 농경지 베이커스 필드의 길 양쪽 끝없이 넓은 평야에는 오렌지 망고 등 각종 과수원들과 온갖 농장들은 물론 밀, 옥수수밭 등이 끝이 없고 큰 길 가운데 중앙 안전지대는 5색의 유도화가 흐드러지게 피어 오가는 차량에 인사하듯 물결친다.

딸기 밭에는 년중 무휴 딸기를 따내고 있는데 멕시코인(불법노동자)의 임금은 1시간에 1천원 정도이란다.

그리고 누런 황금 건초 평원이 지천인데, 이는 봄에 자란 초원이 여름에 말라서 그렇게 된 것이라고 하며 말이나 소 먹이로 쓴다.

미국은 어디를 가나 풍부한 자원을 가진 나라이다.

한편 대부분의 미국인들은 실용주의자들로써 속옷은 깨끗해도 겉옷은 아무렇게나 입고 다니며 대부분이 보수주의자요, 따라서 미국도 보수적인 나라요. 남의 일에 잘 간섭하지 않으며 친절하고 유쾌하고 즐겁게 어울리기를 잘 하는 것 같다.

미국인을 6분류 하는데 1. 장애인, 2. 어린이, 3. 노인, 4. 여자, 5.개, 6. 남자라 한다. 남자는 개만도 못하다는 것이 아니라 약자의 권익을 보호해 준다는 차원이다.

미국의 교육 방식은 체험을 통한 인식교육 방법으로 깨달음을 통한 실천력 양성에 주안점을 둔다고 한다.

그런데 AL는 물이 없는 사막지역인데 멀리 400km가 넘는 후버댐(서울 63빌딩 높이)의 미드 호수(미국에서 가장 넓은 인공호수)에서 대형 인공 지하수로

(폭 30m 깊이 25m)를 내어 물을 끌어다 쓰며, 그 광활한 시가지의 공원 시가지 가로수(아카시아 꽃이 붉은 색과 보라색) 정원 등의 모든 식물들에 매일 스프링쿨러로 일정한 시간에 자동적으로 물을 주고 있다.
낮은 언덕 마루에는 넓은 유전지대로서 수백 대의 채굴 펌프가 밤낮 자동으로 기름을 퍼 올리고 있다.(한번 퍼 올리는 양은 한말 정도)

그런데 미국인의 10%정도가 비행기 조종사 자격증을 가지고 있다는 것을 알면 얼마나 미국이 광대하고 강력한 나라라는 것을 추정할 수 있다. 이렇게 미국인은 "자격증"의 시대에 살고 있다. 높은 산에 오르는 것도, 절벽을 등반하는 것도, 낚시(강과 바다)를 하는 것, 등등 모든 것이 그렇다. 자격증이 있다 하더라도 고기의 크기, 마리수가 극히 제한되어 있다. 그리고 자격증 없이 하였다가는 법의 엄중한 처벌은 물론 엄청난 벌금형에 처해진다. 우리 교포가 전복 한 마리를 잡았는데 벌금 1000달러를 물었다고 하며 그것도 재판 과정이 복잡하고 엄격해서 직장 출근도 여러 날 못하고 귀찮게 하여 위법을 못하게 한다는 것이다.
그리고 산에서도 일체 작은 나무 가지를 꺾어도 벌금 300달러 솔방울 하나라도 가져가지 못한다.
방뇨하면 150달러, 쓰레기를 버리면 1000달러 이렇게 엄격한 법의 강력한 시행으로, 질서가 잘 유지되는 나라인 것 같다.

8박 9일을 여행 하여도 쓰레기 하나 발견하지 못한 곳이었다.

이렇게 엄격한 법 집행으로 질서가 잘 유지되는 깨끗한 나라인 것 같다.